coffee

台湾の喫茶店が愛しくて

台湾大好き編集部

はじめに

台湾の、とくに台北の街を歩いていると「喫茶店」にしばしば出合う。
カウンターには使い込まれた、けれども美しく清潔なサイフォン。
湯気が立ち、コーヒーの香りが漂う。
淹れるのは並々ならぬこだわりを持つ店主たち。

そんな味わい深いコーヒーをいただくのは
喫茶店然としたクラシカルな空間
もしくは、店主の思いが詰まった絵や本が並ぶ店内、
ときには朝ごはん店のような場所で、半屋外の椅子で、静寂の隠れ家で。

毎日来ているレベルの常連さんから
遠くに住んでいてもマイペースに通い続けるおなじみさん、
近隣に勤めるワーカーや懐古趣味の若者、おしゃべりに夢中なマダムたちなど、
地元の人々がランチにブレイクに気軽に通う
その日常の光景がとっても魅力的で
しばしそこにいるだけで、自分もなんだかその一員になれたような気がして
ちょっとうれしくなってしまうのだった。

丁寧に淹れられた一杯を味わいつつ
おいしい定食やトーストを頬ばりながら、
ただひたすら放心するだけでもじんわり満たされる。

店主それぞれの人柄や個性が映し出された店の
マジカルでリリカルな魅力。

長年、日々を積み重ねてきたからこそ持ち得る趣は
商売と顧客への誠実さと実直さ、信念、互いの尊重など
幾重もの想いが地層のように折り重なって
美しいアンティークのように艶やかでまったりとした光を放つ。

本書で紹介するのは数ある台北の喫茶店のなかで、絞りに絞った17店舗。
（本当はもっと紹介したかった……！）
それに加えて店がある各エリアのプチ紹介や
老舗ケーキ屋さんや素敵ホテルなど喫茶にまつわるあれこれも盛り込んだ
大好き詰め合わせセットと相成りました。

台湾の喫茶店とそこに集う人々、暮らしの景色が愛しくて。

ただ、それだけで。

PULL

Menu

※本書の内容は2024年4月現在の情報です。店舗情報、価格等は変動がある場合もありますので各店のウェブサイトや現地で最新情報をご確認ください。価格の「元」はニュー台湾ドルを指しています。

さぁ、心ほどける喫茶な旅へ。

毎朝、コーヒー豆を店頭で焙煎する二代目の曹（ツァオ）さん。
店には香ばしい香りが漂う。この横を通り抜けて店内へ入る。

蜂大《フォンダー》咖啡《カーフェイ》

「別人看不到《ビエレンカンブダオ》」（他人には見えない）なところこそ大切に

蜂大咖啡
フォンダー カーフェイ

Since 1956
台北市萬華區成都路42號
>map P.35
電話：02-2331-6110
營業時間：8:00〜22:00（無休）
FB：蜂大咖啡

台北屈指の繁華街「西門町《シーメンディン》」。新旧入り混じる雑多なエリアで行列ができるほど注目を集めているのがここ「蜂大咖啡《フォンダーカーフェイ》」だ。訪れるのは台湾のみならず海外からの観光客も多く、とある初夏のお昼前、ほぼ満席状態でのお隣さんは日本語ガイドブックを持った女性、向かいの席は広東語で話すにぎやかなファミリーだった。そして、右隣には常連らしきおじさまが、ブラックコーヒーを飲みつつゆったりと新聞を読んでいた。よく見ると、少し離れた席にも新聞片手のおじいさん。そう、ここのよさのひとつは一見さんも常連さんも等しく受け入れる、懐の深さにあると思う。

現在店を切り盛りするのは二代目の曹世華《ツァオシーホア》さんだ。幼い頃はこの建物の三階に住んでいて、先代である父親は嘉義《ジアイー》に養蜂場を持ちハチミツや関連商品の販売をしていたそうだ。店名の「蜂大」もそこからきている。その後、父が友人とコーヒー豆の輸入などを手がける会社を立ち上げ、徐々に研究を重ね、いまの喫茶店業へとつながっていった。

曹さんは朝七時頃から毎日、コーヒー豆を焙煎する。店で販売している豆はすべて自店で焙煎したもので、品質管理・新鮮さにことのほか重きを置いている。コーヒー豆は農産品、ゆえ

2

1

3

4

5

6

1.現店主の曹（ツァオ）さんは、もともとフレンチホルンの奏者だったが創業者である父母の跡を継いで店に入った。**2.**にぎわう店内。**3.**合桃酥（ハータオスー）25元/個。ザクザク食感と甘みがコーヒーに合う。**4.**近年登場したミニサイズの合桃酥も人気。曹さんがいまは亡き高齢のお父様のため食べやすいようにと作ったものが常連さんの要望を受けて商品に。ミニは容器入りのみの販売。**5.**モーニング130元。これにジャムトーストがついて大満足。**6.**柔らかく煮込まれた白キクラゲの優しい甘さと温かさにホッとするスープ式の甘味、白木耳（バイムーアル）100元。コーヒーを飲まない年配の方のために作った長年の定番メニューだ。

に時により豆の品質が異なりブレンドの配合や淹れる時間などの調整も欠かせない。そんな「別人看不到《ビエレンカンブダオ》」（他人には見えない）なところこそ大切にしなければ、と曹さんは言う。長年足を運んでくれる常連のことを「朋友《ポンヨウ》」（友人）と呼び、彼らが居やすいようにと一階の店はほぼ昔のまま手を入れず、一時期台湾では卵の価格が高騰したが、その時ですらもモーニングの価格を保つなど心を砕く。「すごく儲かっているというわけではないです。でも、いまの生活に満足しています」と曹さん。「做生意《ズオションイー》不能貪心《ブーノンタンシン》」（商売は欲深くあってはならない）と、顧客のニーズを汲み、スタッフに還元し、驕らず、真摯に重ねてきた一日一日の結晶。何気ないその一杯に、一品に、空間に、誠実さが宿る。

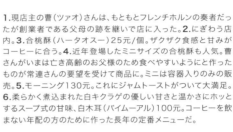

店頭には自家製の菓子類と自家焙煎のコーヒー豆が陳列されていて、購入できるようになっている。菓子はイートインも可。店内で食べたいと伝えると、皿に乗せて渡してくれる。

サイフォンで丁寧に淹れられる自家焙煎コーヒーから、濃厚な香りの湯気がたち上る。コーヒーフレッシュは2個ついてくるのがスタンダード。入れても、入れなくてもお好みで。

南美咖啡《ナンメイ カーフェイ》

日常の一幕に溶け[illegible]喜び

南美咖啡
ナンメイ カーフェイ

Since 1956
台北市萬華區成都路44號
>map P.35
電話：02-2371-0150
營業時間：7:30～20:00（無休）
FB：nanmaycafe

左／喫茶店1階入ってすぐの場所から、外を望む。前の歩道は台湾でよく見る騎楼（チーロウ：アーケード状の歩道）で雨の日でもありがたい。その向こうには「台北天后宮」。
右／冰淇淋咖啡（ビンチーリン カーフェイ）150元は、バニラアイスに加えて甘くない生クリームもインしていてクリーミー。コーヒーは無糖で、付属のシロップで甘さを調整する。

熱すぎず、程よい温度で供されたオリジナルブレンドのコーヒー。開店以来変わらぬ苦味少なくスッキリした味わい、その湯気の向こうには、大きな窓から差し込む光と商業店舗の間にキュッと挟まる歴史ある廟「台北天后宮《タイペイティエンホウゴン》」が見える。夕方前の平日、やや雨模様。「南美咖啡《ナンメイカーフェイ》」の二階席は、慣れた様子でおのおの時間を楽しむ人々であふれていた。やや年齢層高め、でも若者の姿も。その景色に、ざわめきに、心がほどけてくる。

お話を聞かせてくださったのは王智傭《ワンヂーヨン》さん。父から店を継いだ二代目だ。「南美咖啡」は一九五六年、王さんの父親王振富《ワンヂェンフー》さんがこの場所で始めた雑貨店に端を発する。雑貨店はその後パン屋さんになり、一九六二年にコーヒー豆の輸入と焙煎・販売等をする会社となった。父親が海南島での戦役中にコーヒーに出合い、戦後知り合った友人からコーヒーの商売をしようと誘われたのがきっかけだった。経営は順調だったが

1

2

1.二代目として店を営む王智傭(ワン ヂーヨン)さん。若き日に日本留学し法律を学んだといい、終始丁寧な日本語で受け答えしてくださった。**2.**2階の様子。自分流の楽しみ方を知る常連さんたちの放つくつろぎオーラが心地よい。

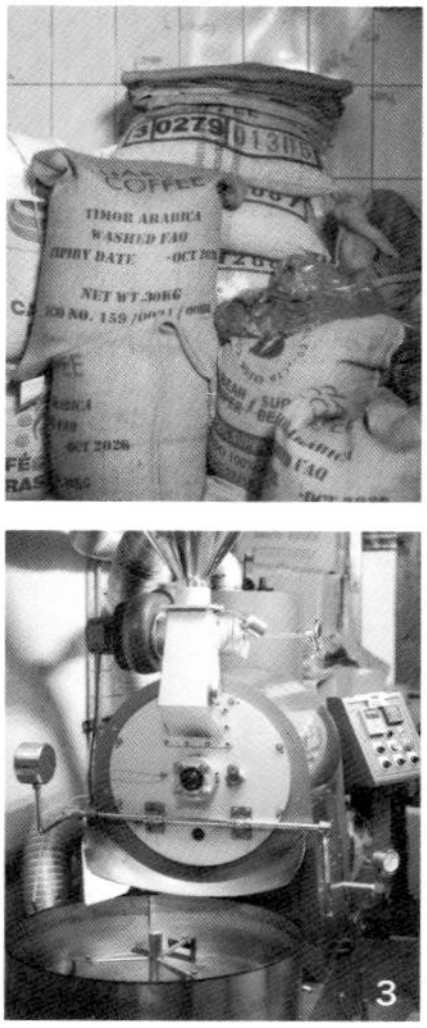

3.1階奥の扉の向こうにある作業スペースには、大きな焙煎機とさまざまな種類のコーヒー豆が。ちなみに創業当時ブラジルから豆を仕入れていたことから「南美」（南米という意味）と命名されたそう。台湾でほかに同名店舗もあるが、こちらの喫茶店とは無関係とのこと。4.シンプルなおいしさのミックスサンド、總匯三明治（ゾンホェイ サンミンジー）100元。フレッシュなキュウリとトマトが効いている。マヨネーズ無し希望の際は、伝えれば抜いてくれる。

一九八七年の台湾北部大洪水で業績が停滞。「前を向いて歩こう」と、留学から戻って台湾で公務員として勤めていた王さん含め、家族揃って喫茶店を手伝うことになったという。

原産地から生豆を仕入れ、自らブレンド・焙煎する。そうして父が「台湾の人の口に合うように」と考え出したブレンドを、頑なに守り続ける。現在は王さんが週二回、一階奥にある作業場で豆の焙煎を行っている。週二回なのは焙煎機の容量や豆の種類ごとに焙煎すること、焙煎後もっともよい状態と感じている十日後を目安に販売していることなどを総合したタイミングだから。そのほか王さんは毎朝店に来て一杯目を飲み、常連さんと語らい、品質やフローなど全体的なことを確認し管理する。サイフォンでコーヒーを淹れるのは長年勤める熟練スタッフたちだ。「何百杯も淹れていますから私よりも技術があります」と王さん。

「私が中学生の頃から来てくれているお客さんもいます」と常連さんたちのことを、目を細めて話してくれる王さんの言葉を表すように、ここにはそんな雰囲気のお客さんが多い気がする。そこに、彼らの憩いを邪魔しないように、その日常の一幕として静かに密かに、溶け込むうれしさに浸る。

続々とサイフォンで淹れられるコーヒー。運ばれてくるとそれだけでいい香りがしてくる。中〜浅煎りで焙煎したコロンビア、エチオピア、ブラジル、グアテマラの豆をブレンドした特級南美（タージー ナンメイ）100元は、開店以来変わらぬアイコン的一杯。

上林《シャンリン》咖啡《カーフェイ》

にぎわう街の静かな小径で

上林咖啡
シャンリン カーフェイ

Since 1980
台北市萬華區成都路99號
>map P.35
電話:02-2381-0781
營業時間:9:00〜22:00(無休)

左／オーナーの蔡富宗（ツァイ フーゾン）さん（右）と、息子で二代目でもある蔡政翰（ツァイ ヂェンハン）さん。店前の路地にて。
右／長年使い続けているハリオのサイフォン。開業当時からサイフォンで、ガスの火を使い高温でコーヒーを淹れることにこだわっている。

ともすればテーマパークのように人と喧騒いきかう西門町《シーメンディン》にありながら、驚くほど穏やかで暮らしの気配が漂う小径に面する「上林《シャンリン》咖啡《カーフェイ》」は、地元民の憩いの場だ。いつも来てるぜ感たっぷりのおじさんたちが続々と入ってきたり、ある週末の午後には近隣の住宅組合らしき人々が役員投票のようなものをしていたりもした。ソファはふっかり、お店の人はいつだって感じがよくて。インテリアが豪華だとか映えメニューがあるとかではなく、ただただ心地よくてコーヒーがおいしい。だからこそついつい足が向く。

オーナーの蔡《ツァイ》富宗《フーゾン》さんは台湾の中央に位置する南投《ナントウ》出身で、二三歳のとき台北にやってきてコーヒーの貿易会社に勤めた。そこで豆の配達を担当していたところ、顧客から店を引き継ぐことになったのがこの「上林咖啡」の始まりだ。コーヒーについては貿易会社での勤務時、きちんと顧客からの質問に答えられるようにとサイフォンでの淹れ方含め基本を学んだ。二十年前からは息子の蔡《ツァイ》政翰《チェンハン》さんも店を手伝い始め、その後、政

1

2

3

1.カウンターでは二代目夫妻がサイフォンでコーヒーを淹れていく。きびきびとした動きが気持ちよい。**2.**上林咖啡（オリジナルブレンド）130元をはじめ中〜深煎りのコーヒーが評判。紅茶に台湾茶、養生茶、花茶にフルーツジュースなどコーヒー以外もバラエティ豊か。**3.**食後の一杯をたしなみながらスマホゲーム。なんて素晴らしき午後のひととき。

翰さんの妻も加わり、いまでは二代目を中心に家族で店を盛り立てている。

「電《ディエン》影《イン》，我《ウォ》們《メン》靠《カオ》它《ター》吃《チー》飯《ファン》」（映画のおかげで商売してきた）と蔡さんが言うように、このエリアは古くから映画館が多く、映画鑑賞の前後に喫茶店に寄る人も多かったそうだ。たが、時代の流れや経済、コロナなどの影響を受けいまはかつてほどのにぎわいはないという。「以前、台北には百軒以上のコーヒーショップがあってね。この辺りも多かったけれどいま残っているのは三、四軒ほどだと思います」と蔡さんは懐かしむ。

それでも、ここ「上林咖啡」には根強く通う人々がいる。現在の店舗は二〇一三年に越してきた場所だが、昔からの常連さんが通いやすいようにと元の店舗から近い立地を選び、テーブルも椅子もそのまま持ってきた。飾り気少なく簡潔な内装は「乾《ガン》淨《ジン》又《ヨウ》舒《シュー》適《シー》就《ジョウ》好《ハオ》了《ラ》」（清潔で快適であればいい）という考えからで、実際、とても居心地がよい。店で出すコーヒーは中～深煎りにこだわり、芳醇かつ濃厚な味わいが自慢だ。開業当時からサイフォンで淹れ続けているその味と香りを求めてコーヒー好きが集まる。場所と時代は変われども、変わらぬ一杯と居心地を求めて。

盛り盛り！　台湾メーカーのイチゴアイスに、旬の果物とウエハースをトッピングした草莓聖代（ツァオメイ ションダイ）170元。結構、いやかなり大きめにつき1人で食べるにはご覚悟を。アイスが器の底までみっちり、でもさっぱりした味わいなのでもたれない。

ファサードは全面ガラス張りで小径の景色がよく見える。日曜の午後1時過ぎ、店はご近所さんらしき人々でほぼ満席。この少し前には、あとで来るからと6人分の座席の確保に来た人も。

我家《ウオジア》咖啡《カーフェイ》

下町のまったり我が家

我家咖啡
ウォジァ カーフェイ

Since 2008
台北市萬華區貴陽街二段128号
>map P.35
電話:02-2389-5229
営業時間:7:30～14:00(日曜休み)

綜合蛋餅(ゾンハー ダンビン)45元は、薄ーい小麦の皮にハムとコーンを巻き込んで鉄板で焼いたもの。中にはほんのり黒胡椒。甘くトロッとした醤油をかけて食べれば熱々&最高の朝ごはんに。綜合咖啡(ゾンハー カーフェイ)100元はサイフォンで淹れる本格派オリジナルブレンド。蛋餅との相性も意外にばっちり。

起司《チースー》(チーズ)、蔥花《ツォンホア》(ネギ)、玉米《ユイミー》(コーン)に火腿《フォトウオエ》(ハム)、培根《ペイガン》(ベーコン)、肉鬆《ロウソン》(肉でんぶ)など蛋餅《ダンビン》(薄焼きクレープ生地で具を巻いた朝ごはんの定番食のひとつ)各種。そのほかバーガー、トースト、鉄板焼き麺など、台湾の朝ごはん屋さん然とした品々の名が並ぶメニューが壁に貼られている。店頭にある鉄板で調理されるそれらを、これまた朝ごはん屋さん然としたシンプルな店内で食べる。もう完全に台湾でよく出会う普通においしい朝ごはん屋さん。しかし、ホットコーヒーの本気度は専門店のそれだ。

このコーヒーを淹れるのは鄭雅文《チェンヤーウェン》さん。一時期アメリカに住んでいたことがあり、そこでサイフォンでの淹れ方などを学んだという。調理全般を担当するのは料理上手の妹さんだ。ふたりは七人兄弟の二番目と六番目で、「土生土長《トゥーショントゥーチャン》」(生まれも育ちも)の艋舺《モンジア》(萬華の別名)っ子。ここ萬華《ワンホア》區は古くから発展した下町エリアで、そのうち「台北第一街」と称される台北最古とされる街道沿いに、店はある。「我家咖啡《ウォジアカーフェイ》」(我が家コー

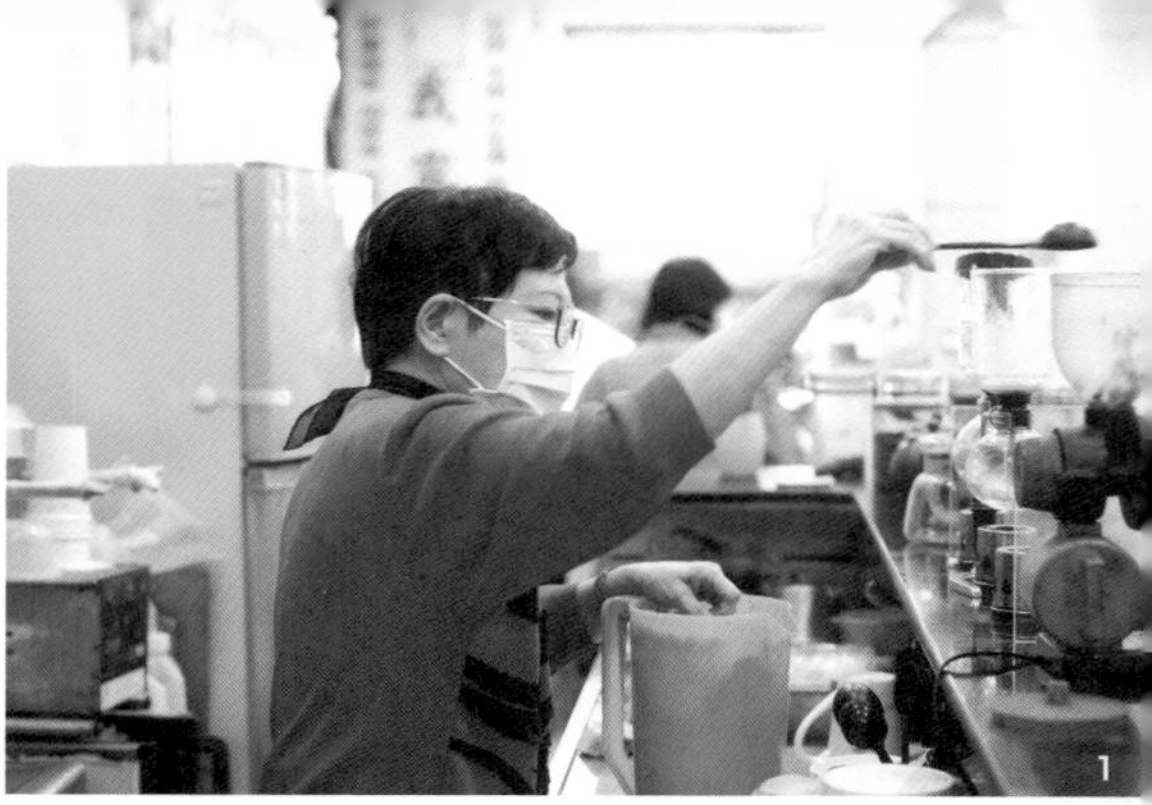

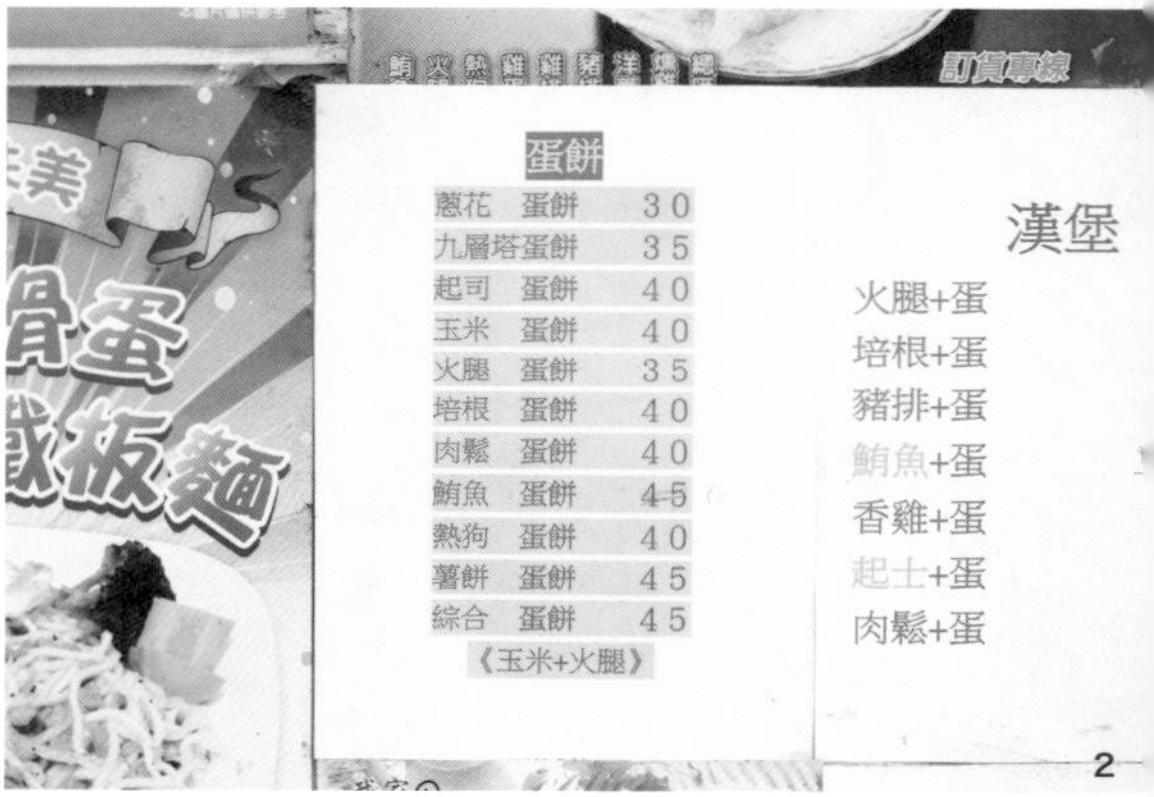

1.コーヒー担当の鄭雅文(チェン ヤーウェン)さん。それをまだ知らなかったある日の午後、ブレンドを注文した際に鄭さん不在のことがあったが、なんと妹さんがスマホで鄭さんを呼び出してくれた。あまりに申し訳なくて別のものにすると伝えたところ、「コーヒーを淹れる担当がいるんです。すぐに来ます、気にしないでくださいね」と笑顔。そしてやって来た鄭さんも笑顔。淹れてもらったコーヒーはもちろんおいしかった。2.壁のメニュー表。テイクアウトもOK。3.年季の入った鉄板周り。清潔。

店の中からバス停がよく見える。昔はここに停まる路線がいまより多かったが、いくつかの路線のバス停が移動してしまい人足も減ってしまったと鄭さん。

ヒー）の名前通り、ここはまさに彼女たちの家なのだ。

当初はこの場所で火鍋店を営んでいた。だがあまりの忙しさにみんな徐々に余裕がなくなり、人手が足りなくなったこともあっていまの業態へと転向した。「要軽鬆《ヤオチンソン》」（力を抜いて）と、ゆるやかな商売をしていくことを選んだと鄭さんは笑いながら言う。それだからか店はいつ行っても基本的にまったりムード。以前は裏手に日本人がよく宿泊するホテルがあり、そこに泊まっていた日本人客たちがおいしいブラジルコーヒーを求めてしばしばここに来ていたそうだが、いまの客層はほぼ地元の人だ。

入り口近くの席に点々と座るお客さんは黙々と食べて飲む。自分が訪れたときは音楽もかかっていなかったが、鄭さん日く時々、中日のいろいろな曲を流すこともあるそうだ。時折、常連らしいおじいさんが見ている動画のちょっと大きめの音漏れや、開けっぱなしの扉から店の目の前のバス停に入ってくるバスのブレーキの音、乗り降りする人々のガヤガヤ、歩道を行く人の気配、店の軒先でテイクアウトをオーダーする声とそれに続く調理音が聞こえてくる。この生活の息吹がまたとてもいいのだった。

研磨咖啡 加味茶 紅茶 奶茶
我家咖
豆漿 米漿 花生湯 飯糰 蛋餅 蘿蔔糕

白壁が爽やかで、スコーンと広い店内。シックな深緑が印象的な什器はオーダーメイドで、ファッションデザイナーである鄭(チェン)さんたちのお姉さんが色を決めたそう。鄭さんは常連さんと談笑中。まったりムードが漂う。

萬華《ワンホア》

台北市西部に位置し、その西端はお隣の新北市と接する。かつては艋舺(バンカァ:台湾語の呼称)と呼ばれ、「一府《イーフー》二鹿三艋舺《アルルーサンモンジア》」(清朝時代に発展していった都市を表した言葉。意味は「一に台南、二に鹿港、三に艋舺」)といわれたほど比較的早くから興隆したエリア。このエリアの西側を包み込むように流れる淡水河が往時の水運の要であったこともあり、物資の中継地点としても栄えた。いまや〝台北の原宿〟ともいわれるほど観光客でにぎわう「西門町《シーメンディン》」や、神様のデパートとも呼ばれる「龍山寺」など若者集うオシャレスポットから下町情緒あふれる一帯まで、流行と民俗、暮らしが入り混じる街並みは、ただ歩いているだけでも楽しい。

上林咖啡近くにある老舗映画館。西門町には新旧映画館が集まり、「電影街」(ディエンインジエ)(映画ストリート:武昌街二段)なども。

ファッション、グルメ、なんでもござれの繁華街・西門町。この日は雨天で人は少なめだったが週末には大道芸などもあり人の山。

MRT西門站6番出口の「6号彩虹/Rainbow Six」は人気の映えスポット。2019年の同性婚法制化を記念して設けられた意義ある場所だ。

蜂大咖啡と南美咖啡の向かいに建つ「台北天后宮」。建立は1746年。1948年に現在の場所に移された。主神は海の女神「媽祖」。

西門町には長年営業する商業ビルも点在。1979年開業の「獅子林商業大樓」(シーズリン シャンイエ ダーロウ)もそのひとつ。時を感じる内装もいい味。

「獅子林商業大樓」10階にある広東料理レストラン「金獅楼」(ジンシーロウ)は、ワゴンで運ばれる飲茶が美味。クラシカルな雰囲気も◎。

我家咖啡が面する貴陽街(グイヤンジエ)から青山宮(チンシャンゴン)あたりまでの「台北第一街」と称される古い街道沿いには、歳月を感じる建物も多い。

「華西街觀光夜市」(ホァシージエ グァングァン イエシー)は観光という名を冠しながらもローカル感濃厚。南に抜けると龍山寺界隈。

台北全体図はP.157

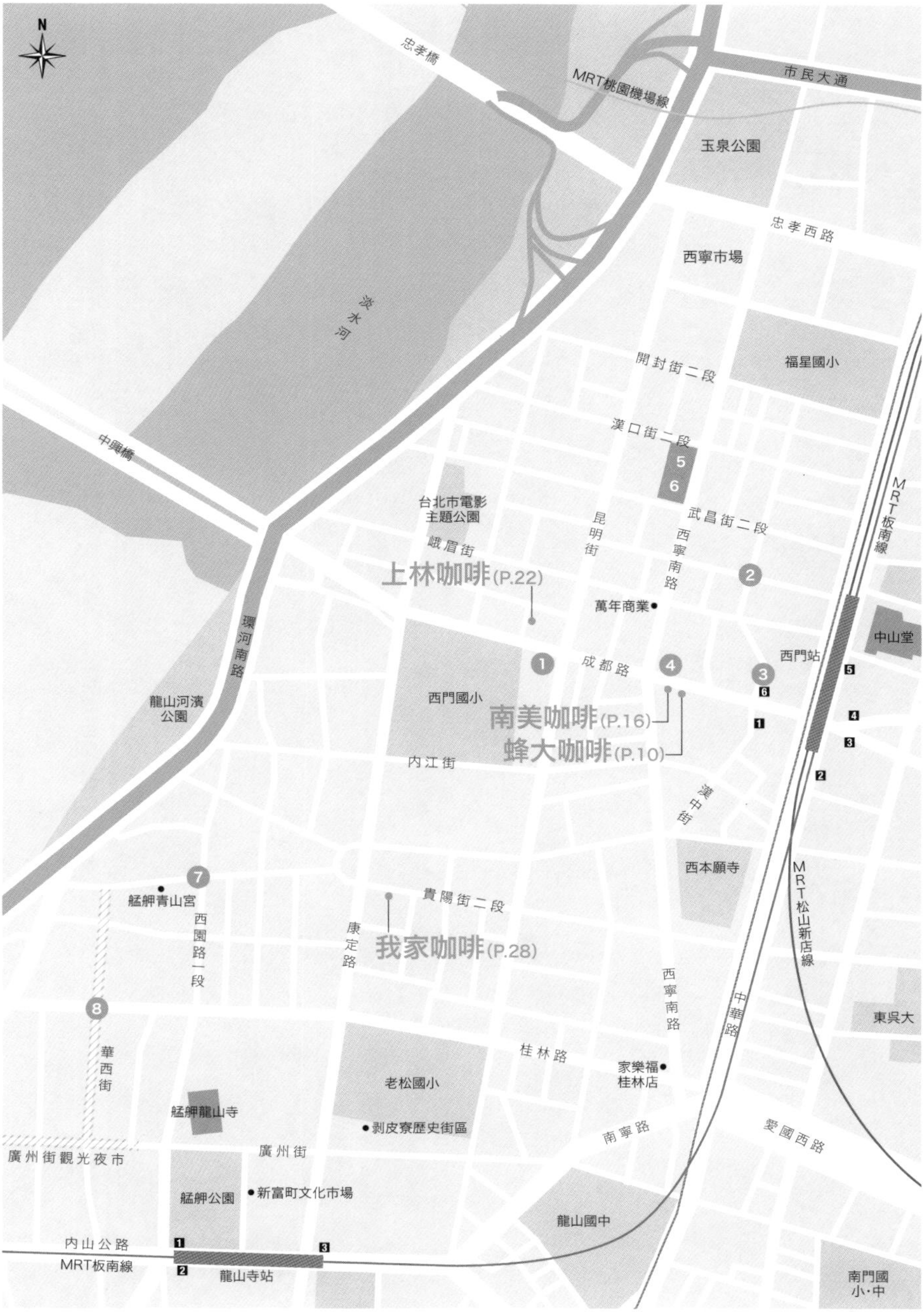

N
忠孝橋
MRT桃園機場線
市民大通
玉泉公園
忠孝西路
西寧市場
淡水河
開封街二段
福星國小
漢口街二段
5
6
中興橋
台北市電影
主題公園
昆明街
武昌街二段
西寧南路
MRT板南線
峨眉街
上林咖啡(P.22)
2
萬年商業
中山堂
環河南路
1
成都路
4
西門站
3
龍山河濱
公園
西門國小
南美咖啡(P.16)
蜂大咖啡(P.10)
内江街
漢中街
西本願寺
7
艋舺青山宮
貴陽街二段
MRT松山新店線
西園路一段
康定路
我家咖啡(P.28)
西寧南路
中華路
8
東呉大
華西街
桂林路
家樂福
桂林店
老松國小
艋舺龍山寺
剝皮寮歷史街區
南寧路
愛國西路
廣州街觀光夜市
廣州街
艋舺公園
新富町文化市場
龍山國中
内山公路
MRT板南線
龍山寺站
南門國
小・中

艋舺青山宮
恭祝靈安尊王
風調雨順
青山宮

台北第一街にある「青山宮《チンシャンゴン》」入り口。
青山王の生誕を祝うパレードの帰還を待つ人々でぎゅうぎゅうだった。
この周りでは臨時の屋台も出ていて、
食べ物、記念グッズ、さまざまににぎにぎしく。

モーニング百花繚乱

喫茶店でメニューにモーニングの文字を見つけると心躍るのは、日本でも台湾でも変わらない。台湾では「早餐《ザオツァン》」と書かれていることが多く、トーストに目玉焼き、ハム、コーヒーが定番の顔ぶれ——ではあるものの、やはり店ごとに違いがあり、たとえばトーストひとつとっても厚さ、焼き加減、ボリューム、バターの扱い(始めから塗布タイプか付属タイプか、そもそもバター無しか)まで店ならではの個性が見える。玉子はスクランブルエッグを選べる店もあるが、目玉焼きとしか書いてなくても焼き具合を調整してくれたりする。注文時に目玉焼きの焼き具合をどうするか予め聞かれることもあれば、とくに聞かれなくても言えばほとんどの店で対応してくれるというのが台湾らしくていい感じ。どれも朝から元気をくれる味わいとビジュアルで、喫茶店でこれらを食べるとなんだか素敵な一日が始まりそうな気になるのだった。

本書で紹介した喫茶店の「早餐」セレクト

※それぞれ店名、掲載ページ、モーニングタイム、モーニング価格、備考となっています。

1.蜂大咖啡 P.10
8:00〜11:00、130元
ドリンクはミルクも選択可。トーストにはバターもついてくる。じつはハムと玉子で笑顔を描いているというのがお茶目。

2.南美咖啡 P.16
8:00〜11:00
いわゆるモーニングセットはないが、モーニングタイムはドリンク50元引き。写真は火腿蛋吐司85元＋南美特級100元−50元で、計135元。

3.上林咖啡 P.22
9:00〜11:00、160元
ドリンクはミルクも選択可。パンはロールパンかジャム系サンドか、希望あればお伝えを。

4.我家咖啡 P.28
営業時間内はいつでも注文可、95元
モーニングの名称は「清晨的饗宴」(早朝のうたげ)。全7種の組み合わせがあり、写真はC豬排(豚肉鉄板焼き)のセット。セットドリンクは紅茶のみ。

5.上上咖啡 P.52
開店〜11:00、170元
写真は花生土司(ピーナッツトースト)だがパンの種類はほかにも数種あり。スクランブルエッグも選択可能。ジュースつき。

6.蜜蜂咖啡 P.62
8:00〜11:00、170元
トースト、目玉焼き、サラダのAセット。そのほか、ハム玉子サンドやフレンチトーストなどのセットもあり。

7,8.馨苑咖啡館 P.46
8:00〜11:00、160元
左:牛角麵包(クロワッサンサンド)、右:厚片吐司(厚切りトースト)のほか薄切りハムトーストも選べる。ジュース(トマトorパッションフルーツ)も付く。

1

2

3

4

5

6

7

8

喫茶店3階の様子。歴史を感じる重厚な空間、その壁には店主 簡静恵さんの息子でありアーティストである李柏毅さんの作品がかかる。2階、3階の窓から見えるのは、道路を挟んで向かいに建つ「臺灣省城隍廟」（タイワンシェン チョンホァンミャオ）。

明星西點咖啡館《ミンシンシーディエンカーフェイグァン》

優しさが育んだ文学のゆりかご

明星西點咖啡館
ミンシンシーディェンカーフェイグァン

Since 1922
台北市中正區武昌街一段7號
>map P.58
電話:02-2331-7370(ケーキ予約)、02-2381-5589(レストラン予約)
營業時間:11:30～20:30(日～木)、11:30～21:00(金、土)
https://www.astoria.com.tw/

台北の喫茶店を語るうえで、やっぱりここは外せない。台北駅南西に位置する三階建ての堂々たる姿。一階はパンやスイーツを売るベーカリー、その上が喫茶店となる。すべて手作りで防腐剤不使用を貫いてきた数々の商品の、懐かしさを纏ったまっすぐな味わいに惹かれる。とくに雲でも食べているかのようなフワッフワのロシアンマシュマロ「俄羅斯軟糖《アールオスールアンタン》」は台湾映画『弱くて強い女たち』(原題:孤味、二〇二〇年製作)のキーアイテムとして登場し、改めて注目を集めた。すっかりお馴染みの有名どころ。だがその真髄は、台湾での創業者夫妻の心優しさにある。

一九二二年というのは同喫茶店が上海で生まれた年。台湾に移ったのは一九四九年。当時一八歳だった創業者の簡錦錐《ジエンジンヂュイ》さんが、台湾に渡ってきた上海での創業者であるロシア人たちとともにこの場所に作ったのがいまの「明星西點咖啡館《ミンシンシーディエンカーフェイグアン》」だ。象徴的な大きな窓は、読書を愛した簡《ジエン》さん夫妻が明るくて勉強しやすいようにと設けたもの。いまではしっかり空調が効いた室内だが、七十年前は窓を開けて自然の風を取り入れ、暑い日には氷と扇風機を使って冷風を送るなど心を配った。簡さん夫妻自身は大学進学が叶わなかったものの、ここで多くの若者の努力と成功を助けた。詩人の周夢蝶《チョウモンディエ》はじめ、作家の

1.外観。右側にある階段から2階の喫茶店へ。2.人気のロシアンマシュマロはじめ種々スイーツが楽しめるおひとり様アフタヌーンプレート、單層點心盤(ダンツォンディエンシンパン)250元。3.龍眼の落ち着いた甘みとクルミの歯ごたえが上品なパウンドケーキ核桃糕(ハータオガオ)70元もおいしい。スイーツ類は1階で購入できるのでおみやげとしても◎。4.店を愛した作家や芸術家たちの作品が展示されている。

三毛《サンマオ》、黄春明《ホアンチュンミン》、林懐民《リンホアイミン》、白先勇《バイシエンヨン》、楚戈《チューガー》や画家の李梅樹《リーメイシュー》、楊三郎《ヤンサンラン》など多くの文学・芸術の才能もここを経て飛び立っていった。

現在店を受け継ぐのは夫妻の娘である簡静恵《ジエンジンフイ》さんだ。母のお腹の中にいる頃からここが家のようなもの。父母が台湾料理に慣れないロシアの人たちのために彼らの安らぐ味を提供したり、多忙の中、異国で心細い高齢の友人の世話を嫌がりもせず行っていた姿をよく覚えているという。喫茶店業は早朝から深夜まで忙しく、それでも周りの人への愛と優しさを忘れない。「我的爸爸媽媽眼裡沒有壞人《ウォーダバーバーマーマーイエンリーメイヨウホアイレン》」(父母の目の中には悪い人なんていませんでした)と、簡静恵さんは追憶する。その後一九八九年に喫茶店部分は一時休業するも、さまざまな縁や声を受け二〇〇四年に再度明かりが灯った。

店の看板メニューであるボルシチは、昔からずっと変わらないレシピで作り続けられる。その柔く滋味深いスープに、書を愛し人を慈しんだ簡さん夫妻の優しさと、それを引き継ぐ二代目の心が溶け込んでいるかのようだ。

二代目店主の簡静恵さん。開店当時は台北に5ツ星ホテルがまだなくこの店はとても高級な場所だった、常にチャイコフスキーを流していて、床板はコーヒーの残りで磨いていてとてもいい香りがしたことや、幼少期ご近所さんだった蔣経国夫人とのふれあいの記憶など、店とご両親との思い出を愛おしむように話してくれた。

開店当初から変わらぬレシピで作られるボルシチ、沙皇羅宋湯（シャーホァンルオソンタン）は、炙った牛肉をビーツやトマトなど大量の野菜とともにじっくり煮込んだ滋味深いスープ。写真はデザートにロシアンマシュマロまで付いたしっかりセット、俄羅斯經典湯品套餐（アールォスージンディエンタンピンタオツァン）780元。スープ単品は450元。

馨苑咖啡館《シンユエンカーフェイグアン》

思いやりが醸成する癒やしオーラ

13時半頃、ランチを終えて帰る人、まだまだ堪能中の人、とにかくまだまだお昼時のにぎわいの中にある店内。レースのカーテンにレースのテーブルクロス、温かみのある木や床の色合いが醸し出す優しい空気感に癒やされる。テーブルクロスは店主の妹さんセレクト。

馨苑咖啡館
シンユェンカーフェイグァン

Since1996
台北市中正區武昌街一段16巷18號之1
>map P.58
電話:02-2371-6910、02-2371-6978
営業時間:8:00〜16:00(土日休み)
FB:馨苑咖啡館

二代目店主の王（ワン）さん（右）と三代目となる娘さん。ほがらかなオーラを漂わせつつも、サイフォンを操る手つきはシャープ。もう1人の娘さんはデザイナーで、店には立たないもののショップカードやメニューデザインで店を陰から支える。

なんだか空気がクリアー。大きな廟の横にある細い脇道に、通りがかるといつもお昼はぎゅうぎゅうに混み合っている小さな喫茶店があった。毎度あまりに人いっぱいで入る勇気がなかったものの、知人と連れあってランチに漕ぎ着けた。そして冒頭の感想。満席で人いきれ、なのに流れる空気感がなんだかいい。よく拭かれたテーブル、清潔な店内、ほどよいざわめきのお客さんに紛れていただく日替わりランチセットは小料理までおいしくて、評判になるのがよくわかる。ここは「馨苑咖啡館《シンユエンカーフェイグアン》」。町の人の密かなお昼スポット。

取材に訪れたのは初冬のある日、一三時半を過ぎた頃。まだまだランチのお客さんでにぎわう店で迎えてくれたのは二代目店主の王《ワン》さんとその妹さん、そして三代目である娘さんに、キビキビ動く熟練のスタッフさん一同だ。忙しくカウンターのサイフォンでコーヒーを淹れながら、お会計のお客さんとは笑顔でやりとり。そんななか我ら取材班にも穏やかに対応してくださった。

店の興りは王さんの母親が始めたレストラン。この場所で長年営業していたが、王さんのコーヒー愛から喫茶店に転向したのが一九九六年頃の話だ。若き日に携わっていた製紙用パル

1.ブレンド、馨苑特調咖啡（シンユェンターティアオカーフェイ）120元をはじめ、基本的に浅〜中煎りだ。豆やドリップバッグも販売。**2.**ランチ（特餐）は日替わり。メイン、スープ、ドリンクがセットで300元。この日の咖喱雞（チキンカレー）は肉も味わいも柔らかで、副菜もすべて美味。木曜の豚足（紅燒豬腳）はとくに人気で早めに来て並ぶ人もいるとか。ランチは11:30〜14:00、売り切れ御免。**3.**馨苑特調咖啡（冰）120元。アイス用の深煎りの豆を使い、コーヒーを攪拌し渋みを除き、泡を除去して氷で冷やすという昔ながらの手法で作る。上に乗った生クリームも自家製。**4.**ブラウニー（布朗尼蛋糕）100元。

プの運搬で日本を訪れ、そのとき日本の街角で見かけたコーヒーショップで立ったままコーヒーを飲む人々が印象的で、自身もよく飲んだという。そして台湾でコーヒーについて学び、それだけでは足りないとさまざまな店を訪れ、味わい、知見を広げた。「世界中のコーヒーを買って、淹れて、飲みましたよ」と王さん。よいコーヒーには「回甘《ホェイガン》」（苦味の後に喉の奥や口にくる甘みのこと）があり、それは焙煎が深すぎるとなくなってしまう、コーヒーは「養豆《ヤンドウ》」（豆を一定時間置くことで呼吸させること）が大事、などコーヒーについて語り出したら生き生きとして止まらない。

店を訪れるのは近隣に勤める人、長年通うお年寄りなど多様な常連さんたちだ。王さん曰く、店の商売のためにとあえて長居せず、早く食べて早く去る人が多く、そんな常連さんたちを「都很可愛《ドウヘンカァアイ》」（みな愛すべき人々です）と愛おしげに形容する。客と店、双方の思いやり。それがこの喫茶店の空気感のよさの正体なのかな、とひとり納得するのだった。

細い道に静かに存在するその姿はクリーンかつエレガント。このピカピカに磨かれた窓ガラスに矜持を感じる。店の周りにはタイ料理や四川料理、日本料理のレストランほか、雑貨店などが軒を連ねる。

カウンターでコーヒーを淹れる三代目である娘さん。店やコーヒーについては店主であり父でもある二代目から学んだ。それだけでなく台湾茶についても自ら学びを深めるなど、忙しい日々にも探究心を手放さない。

上上咖啡《シャンシャンカーフェイ》

不思議に落ち着くマジカルチャーム

上上咖啡
シャンシャンカーフェイ

Since1978
台北市中正區延平南路95號
>map P.58
電話:02-2314-0064
營業時間:10:30～19:30(月～金)、
9:00～19:30(土)、
9:00～18:00(日)
FB:ShangShangCoffee

右／半日以上かけて煮込むボルシチは、開店当初からの定番メニュー。ビーツをキャベツに変更し、サワークリームを入れず、台湾の人の口に合うようにアレンジしたという味わいは素朴で、お手製ガーリックペーストたっぷりのバゲットと合わせれば相乗効果でスプーンが進む。俄式羅宋湯（アーシールォソンタン）のセットは主食、ドリンクがついて300元～、11時以降の提供。左／初冬の夜、暗くなった街角に灯る街灯のように温かに道を照らす。中にはまったりくつろぐ人々。

特徴的な白黒ストライプのひさしに、アーチがかわいいファサード。ちまっとした佇まいにときめきながら木枠にガラスがはまった扉を押し開けると、そこにはとってもアットホームな空間が広がる。モーニングを少し過ぎた週末の昼前、雨降る平日の夕暮れ時、どちらも混みすぎず空きすぎずほどよく人がいて、気兼ねなくまったりできた。そのとき食べたクロワッサンサンドと阿華田《アーホアティエン》(台湾でよく飲まれているココアのような味わいのドリンク)のセットもおいしくて、熱々のブレンドコーヒーもいい香り。カジュアルな接客も店の雰囲気と合っていて好ましい。

台北駅の南西、威風堂々たる「中山堂《チョンシャンタン》」を目の前にし、西門《シーメン》町《ディン》までは徒歩五分ほどという立地にある「上上咖啡《シャンシャンカーフェイ》」。現店主は余麗蘋《ユィリーピン》さん。彼女がこの店にかかわるようになったのは、結婚がきっかけだった。店はもともと姑さんが友人から引き継いだもので、結婚したばかりの余さんが店を手伝うことになった。と聞くとなんだか苦労話のようにも聞こえてしまいそうだが、余さんは「私と姑さん二人とも海外旅行が好きで、一緒に出掛けてはそこで記念品を買ってきて。私がそれを店に飾ってるんです」と笑顔で教えてくれる。「婆婆愛喝咖啡《ポーポアイハーカーフェイ》」

（姑さんはコーヒーが大好き）で、「蜂大咖啡《フォンダーカーフェイ》」や「南美咖啡《ナンメイカーフェイ》」にもよく行っていたという。

そんな姑さんのコーヒーへの愛情を引き継いで店で出すコーヒーは、いまもしっかりと香り高い。すべてサイフォンで淹れていると言い、コーヒーについて余さんは姑さんに学びつつ、外でも積極的に学んだそうだ。初期の客層は「中山堂」が近いこともあり地位ある人や贅沢品であるコーヒーを嗜める財力のある人が多かったが、いまはそれだけでなく近隣に勤める人や若者、さまざまな人が訪れるようになった。ときには窓際の特等席を予約してデートらしきものをしている男女がいたり、夜に常連さんが集ってきたり、町の喫茶店らしい風景がここにある。

おすすめのコーヒーはありますか？という問いに「你喜《ニーシー》歡的就是好《ホアンダジオウシーハオ》，對不對《ドゥイブドゥイ》？」（好きなものがいいもの、でしょ？）とチャーミングに答えてくれた余さん。二階で黙々と仕込みなどの裏方仕事を進めている夫君に、一階で接客を手伝う息子さん、頼れる熟練スタッフさんとのチームワークも抜群に、今日もなんだか行きたくなる、そんなマジカルな魅力を放っている喫茶店だ。

2

3

4

1.右から店主の余麗蘋（ユィ リーピン）さんとその息子さん、長年勤めている頼れる店長の蔡（ツァイ）さん。フリーダムな空気感がとってもいい感じ。余さんは取材後、美容院のシャンプーの予約があると急いで退店。その事実と様子にも胸キュン。**2.**ハム、玉子、チーズ、トマト、ピクルス、旬の野菜と自家製マヨネーズを挟んだボリュームどどん！なクラブサンド、總匯三明治（ゾンホェサンミンジー）250元。セットでドリンクもついてきてお得。**3.**コーヒーは基本的にサイフォンで。コロンビアをメインにしたブレンド上上綜合（シャンシャンゾンハー）120元はやや酸味があり爽やか、人気の曼巴（マンバー：マンデリンとブラジルをブレンドしたコーヒーでその略称）140元はふくよかな味わいだ。**4.**ゆったりと自分時間を過ごすお客さん多し。

夜の帳が下り、あたりが暗くなった頃に常連さんが連れ立って訪れ、急に店内はにぎやかに。このにぎにぎしさにほっこりする。

サイフォンで淹れた深煎りのコーヒーに、コーヒーで作った氷を加えた香濃冰咖啡(シャンノンビンカーフェイ)160元。しっかりとしたコーヒーの味わいにクリーミーでほどよい甘さが絶妙で、テイクアウトする人も多い「上上咖啡」の人気メニューのひとつだ。

台北全体図はP.157

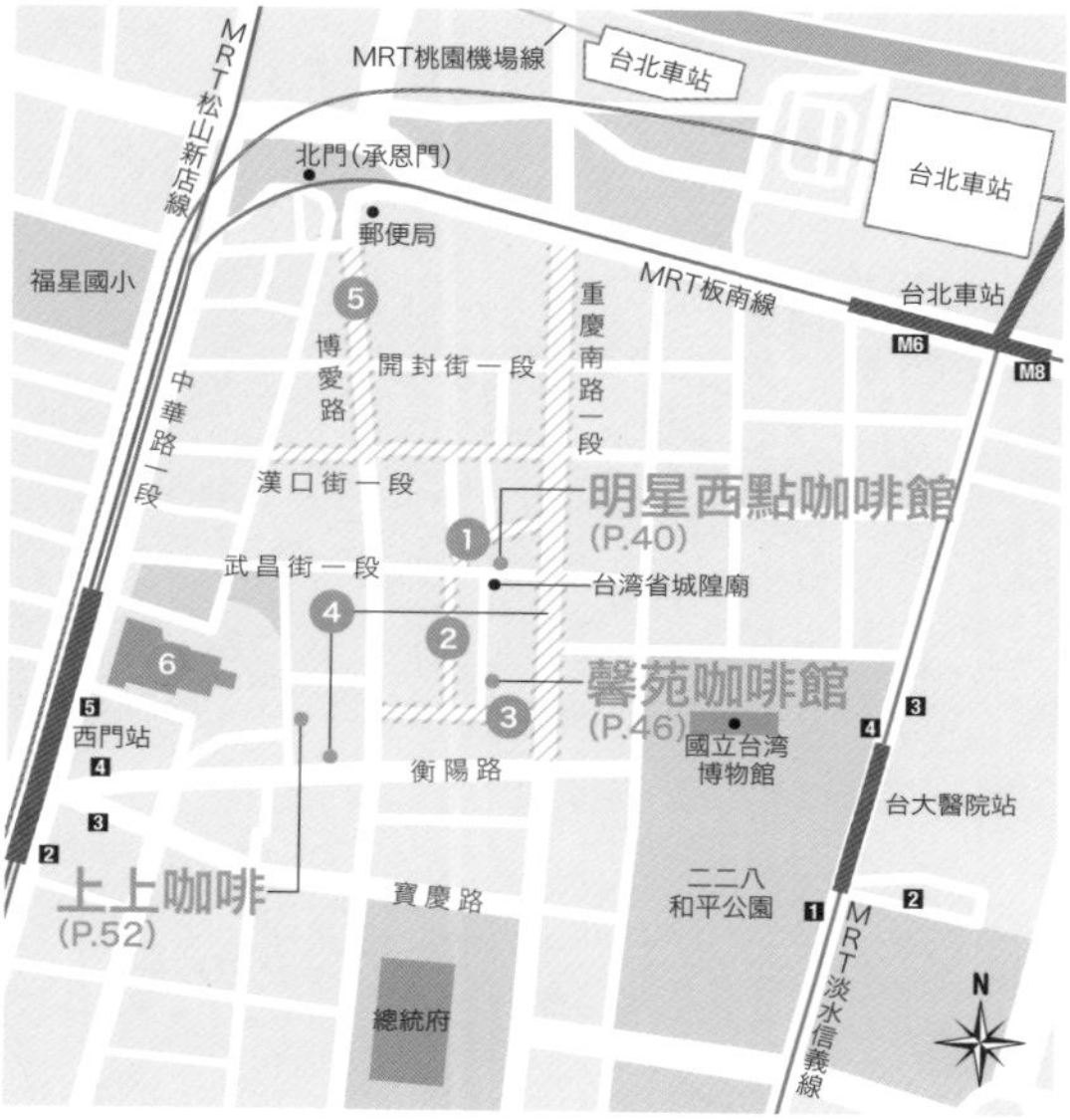

台北站南邊《タイペイヂャンナンビエン》

台北中を走る都市鉄道網MRTや、台湾をぐるりと巡る遠距離鉄道が出発する「台北駅」（台北車站《タイペイチャーヂャン》）は常に多くの人々でごった返していて、駅南部もかなりのにぎわい。そこを抜けると専門店ストリートや二二八和平公園、公的機関などがある落ち着いたエリアに。観光でも人気の高い西門町も徒歩圏内で、歩き甲斐のある一帯だ。

細い道の両側に小さな店がぎっしり並ぶ「城中市場」（チェンヂョン シーチャン）。武昌街一段を挟んで北側が食べ物、南側が衣服や雑貨メイン。

「城中市場」の南側ストリートの様子。ここではとくにカラフルで個性的なマダム衣類が充実！　どれも着心地もよさそうでつい欲しくなる。

「城中市場」を抜けるとたどり着く沅陵街（ユエンリンジエ）は「靴街」と呼ばれる。入り口に巨大ハイヒールのオブジェがドドンと鎮座する。

MRT桃園空港線の台北車站から縦に延びる重慶南路一帯は「書店街」。音楽関連書籍の老舗「大陸書店」など多様な店がある。

博愛路、漢口街一段一帯は「相機街」（シァンジージエ）と呼ばれ、撮影機材を扱う店が集まる。それら専門店街の方向表示が地面にあった。

1936年竣工の元「台北公会堂」、現「中山堂」（ヂョンシャンタン）。日本統治時代、抗日運動の歳月を経て台北の教育・文化の場に。

定食のこと

台湾の喫茶店には凝りに凝った定食がある店をよく見かける。店主自ら手がける入魂の味わい、専属シェフたちが腕を振るう確かな美味をお目当てに通うファンも少なからず。しかも、旅行者としてうれしいのはどれもこれも台湾の味なこと。とくにひとり旅ではレストランでたくさん種類を注文するのは至難の業だが、喫茶店の定食なら一人分が完全なるバランスでいただけるのだ！　しかも食後のドリンク付き。もう正直言うことない。日替わりだったり、ワンプレートだったり、鍋があったり、ボルシチがあったりと、メニューは店ごとにかなり違っていてそれも味わい深い。美味なる逸品独り占め、な喫茶店定食の世界へ歓迎歓迎《ようこそ》。

こちらは森咖啡餐廳（P.134）の小火鍋定食270元。台湾に来ると強烈にひとり鍋したくなることがあるが、その欲を手軽にばっちり満たしてくれる。ひとり黙々と食べる人、大音量トークでじつに楽しそうに食べるグループなど、ランチタイムの風景と喧騒もごちそうの一部だ。

ふと見上げると、青い空に集合住宅。
ブルーグリーンのカバーや鉄柵の
一軒一軒異なる窓際に、台北っぽさを感じてみたり。
特別な観光地でなくても心躍る景色。

蜜《ミー》蜂《フォン》咖《カー》啡《フェイ》

官公庁街の憩いのオアシス

緑のテーブル、椅子が印象的な店内をテキパキと動き回る店主の蔡（ツァイ）さんとスタッフたち。この日は奥の一角で何やら番組収録も行われていて普段にも増して活況を呈していた。壁にかかる蔡さん作のアートも味わい深い。

蜜蜂咖啡
ミーフォンカーフェイ

Since1978
台北市中正區青島東路3-2號
>map P.74
電話:02-2394-1363
営業時間:8:00〜20:30(日休み)

台湾の最高立法機関である「立法院」はじめ、「監察院」「行政院」「外交部領事事務局」などの行政機関が集まりつつも、シェラトンホテルや早朝の開店直後から行列ができるほど人気の朝ごはん屋さん「阜杭豆漿《フーハンドウジャン》」など観光客にもお馴染みのスポットが共存するエリアに、この喫茶店はある。だが、メインの客層はやはり地元の人。近隣に勤める人々がお昼時にこぞって押しかける。彼らのお目当ては美味な料理にサイフォンで淹れられた濃厚コーヒーがついてくるランチ定食だ。少し広めの店内に、おしゃべりとランチを楽しむ人がみっちり。昼時のその喧騒たるや、身を浸しているとこちらも元気になりそうなほどパワフルだ。

開業当時の店主は日本人で、現店主である蔡翠瑛《ツァイツイイン》さんは従業員として働いていた。二年ほど勤めたときに店を引き継ぐことになり、現在に至る。蔡さんは台湾南部の塩田がふるさと。台北に来たばかりの頃はコーヒーも知らず、店に入ってから訓練を受けたという。日本の歌謡曲がかかる店内にはコーヒーとタバコの香りだけが満ちていて、そこで販売していたのは軽食と三種類のコーヒーのみ。接客では「請坐《チンズオ》」(どうぞおかけください)という自宅のようなもてなしを学んだ。その後、一九九七年に店を改装。ガラリと店の様相を変えるとともに、いまや人気者に成長したランチ定食もスタートした。定食は専属シェフ二人の手によるもので、「今日特餐《ジンリーターツァン》」（本日のおすすめ）として八〜十種類ほどのメニューが並ぶ。供するコーヒーの種類も増え、モーニングにジュースやお茶も扱うようになり、メニューも豊富になった。ただ、コーヒーをサイフォンで淹れることは頑なに守り続ける。

平日の一五時近く。いつもこの時間帯からは一段落してゆっくりできる印象だったが、この日はまだまだ食後のコーヒーを楽しむ人でいっぱいだった。カウンターできびきびと動くスタッフたちとともに、次々とサイフォンでコーヒーを淹れていく蔡さんの姿にしばし見惚れる。このざわめきにどっぷりと心身を浸すのも心地よいし、このあと訪れるだろう夕方前のまったりタイムに、一杯片手にまどろむのもまた至福。静かにゆるりとできる朝のモーニングタイムもおすすめ。

1.店主の蔡翠瑛（ツァイ ツイイン）さん。出勤する傍ら、空き時間を見つけてはずっと絵を描いていると言うほど創作活動にも熱心で、店にかかる立体的なクレイアートのみならずカップ＆ソーサーの絵付けも彼女作。評判のランチ定食について尋ねると、「店の入り口に写真があるからわかりやすいですよ」というや否やここに連れてきてくれた。**2.**サイフォンを用いて、ガスの火の高温でしっかりと淹れるコーヒーにこだわる。とはいうもののじつはコーヒー以外のドリンクも豊富で、とくにお茶類は紅茶、プーアル茶（普洱茶）、ジャスミン茶（茉莉花茶）、フルーツティー（水果茶）など16種類が揃う。**3.**厳選した5種類の豆をブレンドした蜜蜂咖啡150元。蔡さんが絵付けしたカップ＆ソーサーはそれぞれ違うモチーフで、ひと組ごとに絵柄が異なる。窓際席でピーナッツトースト（厚片土司/花生）50元とともに。

実家のような温かみを感じる配膳。毎日専属シェフが作り出す料理の数々は細部までいいお味だ。こちらは肉の旨味ギュッ！な中華式ミートボール、紅焼獅子頭（ホンシャオシーズトウ）がメインのランチ定食250元。これにプラスでドリンクが出る。

老樹咖啡《ラオシューカーフェイ》

思い出が注ぐ至極の一杯

一面の窓はまるでロードムービーを映すスクリーン。チーク材のテーブルと椅子が柔らかに差し込む光を艶やかに照り返し、コーヒーの香りとともに心地よい時間を織りなす。この反対側にはサイフォンが並ぶカウンターがあり、そちらも特等席。

老樹咖啡
ラオシュー カーフェイ

Since1983
台北市大安區新生南路一段60號
>map P.74
電話:02-2351-6463
営業時間: 12:00〜18:00(無休)

流れるのはジャズ。艶やかなチーク材の椅子や丸テーブルがほどよい間隔で配された店内は、大きな窓がありながらも日中も明るすぎず、しっとりとした落ち着きを感じる。心なしかお客さんの話すトーンも控えめ。初めて訪れたのは台湾の友人と。ふたりで窓際のテーブル席でコーヒーとケーキを食べた。次はひとりで。そのときはカウンターに案内され、ホットコーヒーを注文した。目の前では渋い男性が黙々といくつものサイフォンを火にかけている。サーブされた時、その男性がカウンター越しに言うには「まずスプーンで飲んでみて、その五分後くらいにカップから直接飲んでみてください。異なる味わいが楽しめますよ」。喫茶店でこうした飲み方指南をされたのは初で少し面食らう。でも、それだけこの一杯にこだわっているのか！という熱意が伝わってきてちょっとうれしくなった。

この声をかけてくれた男性こそ、ここ「老樹咖啡《ラオシューカーフェイ》」の店主である徐貴清《シューグイチン》さんだった。若く貧しいなか、どうしても喫茶店をやりたいとまずは高雄で店を持った。台北で店を、と思っていたものの諸々の費用が高すぎたからだ。夢のために必死で稼ぎ、次に台中で開店。台中の店はいまも健在で、徐さんの妻が切り盛りをしている。そして一九八三年に念願の台北に構えたのがこの店だ。自ら絵を描いて職人にオーダーしたという店内デザインはオープン時からそのままだが、古びることなく美しく歳月を重ねている。コーヒー豆は台北と台中の

1.コーヒーの苦味を引き立てる甘めのケーキは友人のパティシエによるもの。店内のガラスケースに陳列されていて、価格はケースの上に表記。130元～。**2.**徐さんイチオシの、目の前でスプーン上のブランデーと角砂糖に火をつける歐洲皇家咖啡320元。一瞬の炎に見入る。**3.**よく訪れるという常連さんは、この店のお茶もおいしいと太鼓判を押す。**4.**店はビルの1階にあり、MRT忠孝新生站5番出口から徒歩約1分の至近距離。

二拠点で自家焙煎し、豆の種類によって淹れ方も変える。素材、焙煎、淹れ方、飲み方――コーヒーへのこの強い想いは、徐さんの母との記憶に端緒をなす。「我従小在家裡就喝咖啡《ウォツォンシャオザイジアリージオウハーカーフェイ》」（幼い頃から家でコーヒーを飲んでいました）という徐さん。六～七歳の徐さんに、お母さんはコーヒー豆をすりこぎで挽き、鍋で煮て、ガーゼで濾して淹れてくれた。看護学校を卒業し、日本軍に海南島へ医療団として派遣された徐さんのお母さんが、その若き日に現地でのプレッシャーを和らげるため、こうしてコーヒーを飲んでいたという。そしてその方法で、家で幼い徐さんにコーヒーを淹れてくれたのだ、と。

訪れる人々はその一杯に込められたものを知らないかもしれないし、店のどこにもそんな記載はない。ただ、そのコーヒーの香りと深み、シックで落ち着く居心地が人を引きつける。声にせずとも場が、味が、香りが、語るかのように。

5.訪れたのは夕方。一日中サイフォンでコーヒーを淹れ続けていたという店主の徐貴清（シュー グイチン）さんは、息つく暇もなく手を動かしながらも話を聞かせてくれた。コーヒーに向き合う姿は真剣そのもの。世界各地の豆を味わったといい「什麼都喜歡」（どれも好きです）と笑顔を見せる。**6.**カウンターにはいくつものサイフォンが並び、どれも稼働中だった。

苦労した若き日に書道でその心を表していたという店主の徐さんは、元時代の作家である馬致遠の詩「天浄沙 秋思」から店名の着想を得た。閉店間際、哀愁をにじませるかのように街の明かりを映す窓に、しばしノスタルジックな気分。

淹れたてはやや苦く、5分後にはマイルドになり、冷めてからも違うおいしさがある、と徐さん。こだわり抜いた自家焙煎の豆を、思い出と経験で研ぎ澄ました淹れ方で注ぐ老樹經典咖啡300元。その価値を感じながら、じっくりと。

善導寺《シャンダオスー》～忠孝新生《ヂョンシャオシンション》

どちらもMRT板南《バンナン》線《シエン》(ブルーライン)上にあり、台北駅東南に位置する。善導寺站《シャンダオスーヂャン》周辺は行政院、立法院、監察院などの行政機関が集まる比較的閑静なエリア。その次の忠孝新生站《ヂョンシャオシンションヂャン》は台北屈指のオシャレスポット「華山《ホアシャン》1914《イージオウイースー》文化創意産業園区」があるが大通りを挟んで南側はゆったりムードが漂う。齊東街《チードンジエ》を通って台湾文学基地まで歩くと、木々の緑が爽やかでのんびりした気分に。ただし細い道でも意外に交通量は多いのでご注意を。

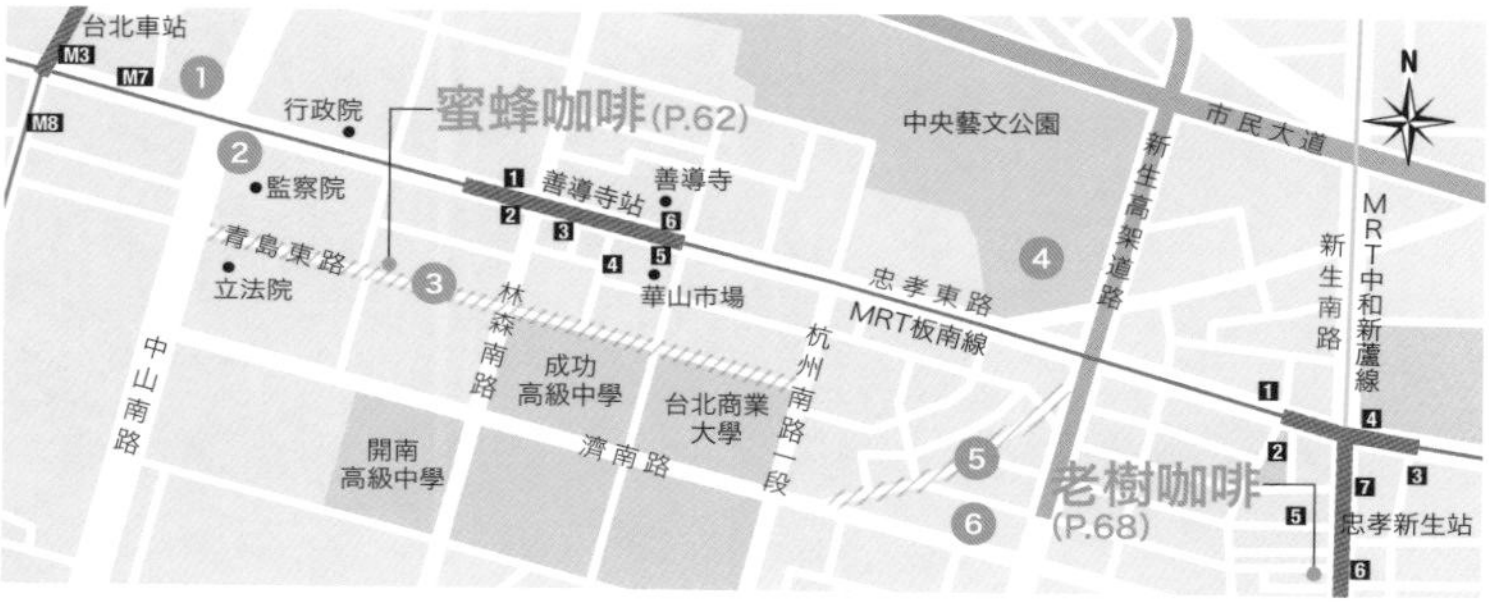

台北全体図はP.157

蜜蜂咖啡近くにある大きな交差点。そこで一際存在感を放つのは地上11階建て、1945年竣工の「中央大樓」(ヂョンヤンダーロウ)。

その「中央大樓」の道路を挟んだ向かい側の歩道には、台湾の省道公路原點(POINT ZERO)の標示プレートがある。

監察院、立法院が並ぶ青島東路の様子。緑が多く、平日の夕方過ぎに歩いていても人通りはまばらだった。だがお昼時にはやっぱり一定のにぎやかさは健在だ。

「華山1914文化創意産業園区」はかつての台北酒廠(酒工場)をリノベーションした人気の複合スポット。半日いても飽きない密度!

忠孝東路を挟み南側、齊東街には穏やかな空気が漂う。やや湾曲した短いこの通りを抜けると「台湾文学基地」近く。突き当たりには水餃子の人気店も。

古い日本式建築群を活用し2020年にオープンした「台湾文学基地」。台湾文学に触れられる展示が無料で開放されていて、見応えたっぷり。

コーヒー以外も

あまりにコーヒーが好きなので本書でもそこにフォーカスしているが、喫茶店にはもちろんコーヒー以外のドリンクもある。お茶なら紅茶や緑茶、台湾茶、ハーブティーなどスタンダードなものに加えて「養生茶《ヤンションチャー》」という身体によさそうな素材をブレンドしたメニューがある店も。独自のブレンドをしている店もあり、お客さんの身体のためにと店主たちの優しさとこだわりが詰まっている。そのほかミルクティーやタピオカドリンク、ココアにミルク、フルーツジュース、スムージー、ビール……などなど品揃えからも各店の個性が窺えて、読みきれないほど多い店から潔く少数精鋭で勝負する店まで、メニューを見ているだけでも興奮する。ときには「蛋蜜汁《ダンミージー》」のように見慣れないものもあって味わいが尽きない。巻末にはよく見るメニュー早見表もあるのでチャレンジするもよし、いつものを頼むもよし、なのです。

ひと昔前によく見かけたけれどいまは珍しい懐かし系ドリンク「蛋蜜汁」(ダンミージー)。名前からは「蛋」(ダン:卵黄)、「蜜」(ミー:蜂蜜)を入れた汁……そこまでしか推測できない。スタンダードなレシピはそこにミルク、レモン汁、オレンジジュースを加えてシェイクする。まろやかな中にもかなりオレンジの酸味が効いていて飲んだことのない味わいだった。生卵使用につき気候などの条件によって提供しない場合もある。

左/森咖啡餐廳(P.134)の蛋蜜汁。右/茶之郷泡沫紅茶店(P.78)の蛋蜜汁。店によって微妙に味わいが違って面白い。

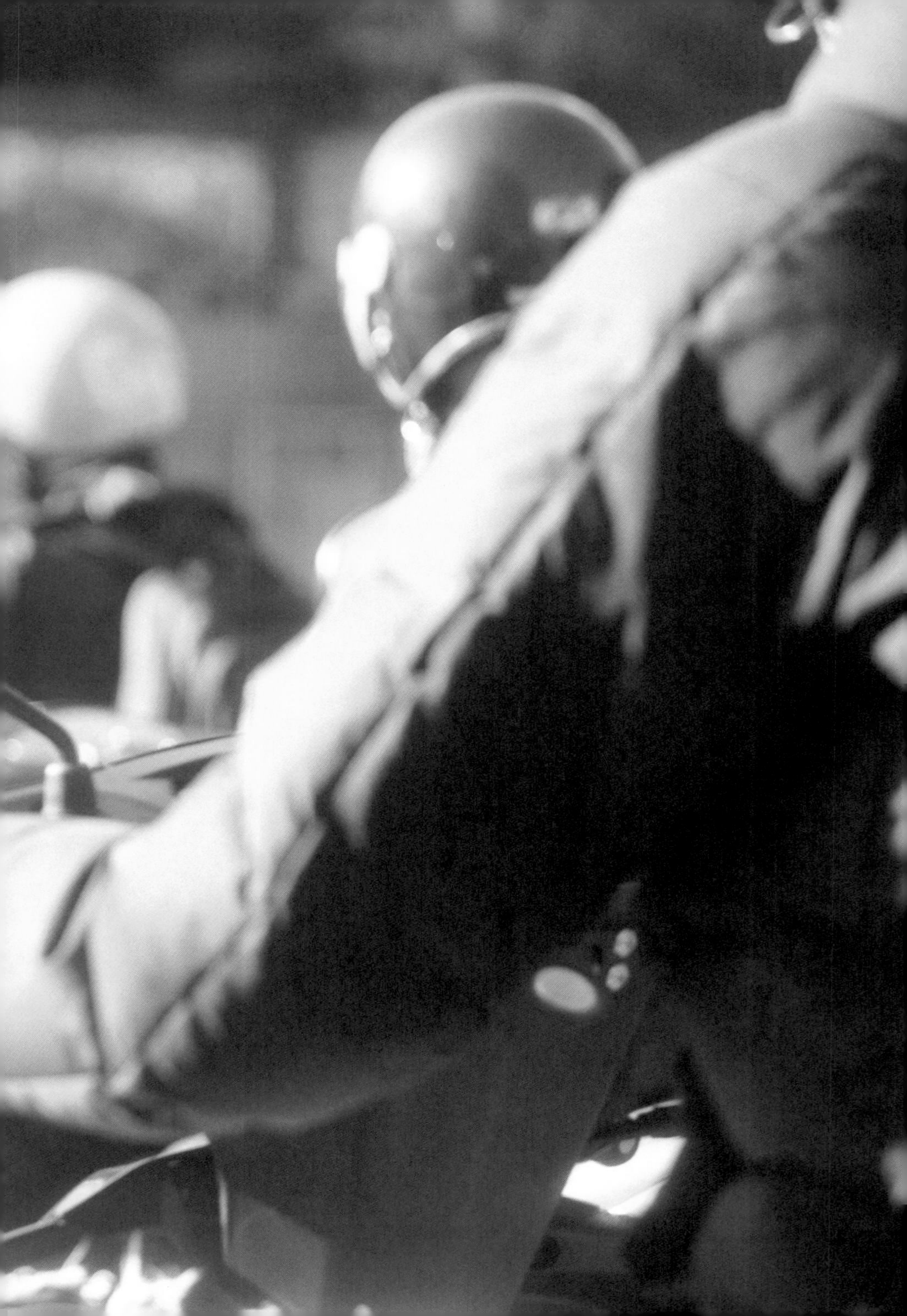

信号待ちのバイクをタクシーから眺める。
台湾のヘルメットのバリエーション、いろいろあって可愛いね。
みんなどこへ行くのかな。
青信号で動き出す。どうぞお気をつけて。

茶之郷泡沫紅茶店
チャージーシアンパオモーホンチャーディエン

Since1990
新北市新莊區民安路144巷9號1樓
>map P.84
電話:02-2205-3071
営業時間:11:30～23:00(日曜休み)

茶之郷泡沫紅茶店《チャージーシアンパオモーホンチャーディエン》

風通り抜ける半屋外で

歩道側にもテーブルと椅子がずらり。この右側に、レジやキッチンを備えた屋内店舗がある。でも屋内とこの空間を仕切る壁はなく、どちらのエリアにいても開放的だ。以前はこうしたスタイルの喫茶店もよく見かけたが、いまでは希少だという。寒い時期には写真のようにビニール製の覆いで囲い保温、暑い時期はこれを取り外して風が通る塩梅に。籐製の丸椅子の座り心地もいい。

山盛りごはんにメインのおかず、副菜が一堂に会するワンプレートスタイル。鉄板で炒めた豚肉と玉ねぎが香ばしい蔥爆肉飯(ツォンバオ ロウファン)100元に、目玉焼き、荷包蛋(ハーバオダン)15元をトッピングすれば満足度さらに大。茶葉から煮出す紅茶はバリエーション豊富でどれを頼もうか迷うほど。写真はスタンダードなアイスティー泡沫紅茶(パオモー ホンチャー)小30元。中サイズは2倍、大サイズは3倍の料金となる。

それは一目惚れ。一心不乱に見ていた台湾ドラマに登場した、趣ある喫茶店……のようだけれど壁がなくて外とつながっている不思議な造り。そこで登場人物たる大学生二人が語らう。ワンプレートディッシュに目玉焼きトッピングを注文するも、目玉焼きは一人前しか残っておらず、たどたどしく女子学生に譲る男子学生。そしてはにかむ女子学生——シーンとしては一瞬。けれどもその光景が印象的ですぐさまロケ地を検索した。それがここ「茶之郷泡沫紅茶店《チャージーシアンパオモーホンチャーディエン》」だった。知るといてもたってもいられず台湾への航空券を取っていた。

秋晴れの日、意気揚々と開店直後に到着。オーダーはカウンターにあるメニュー表への記入式で、ワンプレートディッシュ、目玉焼き、それになんとはなしにアイスティーを頼んだ。憧れの半屋外の喫茶店は風が吹き抜け、行き交う車や人のざわめきがダイレクトに聞こえる。まだ半袖姿の人もいるような気候がとても心地よくて、ここに座れただけで満足度が突き抜ける。料理はもちろんおいしかった。しかし白眉はアイスティー。そのおいしさに驚いて、小サイズで注文したのを後悔した。

それゆえにここの紅茶はすべて茶葉から煮出して淹れる「古早味道《グーザオウェイダオ》」(昔ながらの味わい)だと、現店主の何《ハー》素華《スーホア》さんが教えてくれたときには深く納得した。道理であんなにきちんと紅茶だったわけだ。専門店から茶葉を仕入れ、そのときの気候によってお湯の温度と水の量、煮出す時間を調整する。渋みを出さないよう、けれども旨味はしっかり抽出するように淹れられる紅茶は、ミルクやタピオカ、タロイモなどとアレンジされ多種多様に魅力を放つ。毎日一時間かけて煮込むタピオカはじめ、店で供するものは基本的にすべて手作りだ。

店の開始は一九九〇年。初代が三十年ほど経営し二代目に譲ったが、若く子どもが小さかったこともあり、継続を諦めようとしていたという。小さい頃からよく店を訪れ「有感情《ヨウガンチン》」（思い入れがあった）だった何さんはここがなくなるのは寂しいと、三代目に名乗り出たのが二〇二二年のことだ。そのとき意見を聞いた息子たちの働き者の妻ふたりも、ともに店を盛り立てる。取材の最後に三人の写真を撮らせてほしいとお願いすると、自然とこのチャーミングさ。ずっとこの笑顔でいてほしい、なんて勝手に願ってしまうほど店にも人にも魅せられてしまった。

1. 右側が店舗の様子。座席の奥にカウンターがありそこで注文する。店内には鉄板もあり、お昼時には次々と何かが調理されていい香り。**2.** 外はカリッ、中は柔らかな炸豆腐（ジャードウフ）45元。こうしたちょっとしたおかず系メニューがたくさん。**3.** もったりしたタロイモの甘味と食感がクセになるミルクティー香芋奶茶（シャンユィナイチャー）中90元に、タピオカ10元をプラス。薄紫のファンシーなビジュアルにもときめく。ほかにもピーナッツ（花生）やゴマ（芝麻）、杏仁、ココナッツ（椰子）などさまざまなミルクティーがあるほか、緑茶やジュースも多数揃う。**4.** 店は建物の1階、曲線部分に位置する。

店主の何素華(ハー スーホァ)さん(中央)と、ともに店を切り盛りするふたりの息子の妻さんたち。テキパキとオーダーを受け、キッチンで無駄なく動く彼女たちの存在は欠かすことのできない大きな支えだ。ナイスな連携と笑顔にグッとくる。

民安路
144巷
茶之鄉

台北全体図はP.157

新北市《シンペイシー》

台北市をぐるっと取り巻くほど大きな新北市はもともと台北縣の一部だったが、二〇一〇年の改制で直轄市となった。英語表記はそのまま「New Taipei City」。台北市内からMRTに乗っていると知らず知らずのうちに新北市に入っていることも多い。人気観光地である九份や淡水、温泉地の烏来《ウーライ》、陶器の町として有名な鶯歌《インガー》なども新北市だ。紹介した喫茶店「茶之郷泡沫紅茶店」(P.78)があるのはその西部に位置する新荘區《シンジュアンチュイ》と呼ばれるエリア。

1 茶之郷泡沫紅茶店の西側に行くと、さまざまな生活の店が並ぶ通りに出る。台北行きのバスも多数走っていて、西門を通過する路線もあり便利。

2 茶之郷泡沫紅茶店から四維路(スーウェイルー)を南に歩く。しばらくすると視界が開け、道も広くのんびりした雰囲気に。一本道で迷いづらい。

3 四維路の小道を西に入ると突如として壮麗な廟が登場。ここ「後港昭徳宮」(ホウガンジャオダーゴン)は天上聖母(媽祖)を主神とする。しばし祈りの時間を。

4 青空にタイワンモクゲンジ(台灣欒樹)の桃色の果皮が映える。この街路樹沿いにある公園では人々が憩い中。歩き疲れたら地元っ子に倣って木陰でひと休み。

5 四維路界隈は「四維市場」(スーウェイ　シーチャン)と呼ばれ、朝から夜まで活況を呈する。食品や生活用品のほか行列グルメもちらほら。

6 このアールになった建築を台湾の街角で見かけるたびにときめく。中はどうなってる?　いつか住んでみたいなぁと夢見つつ散歩が捗る。

台北全体図はP.157

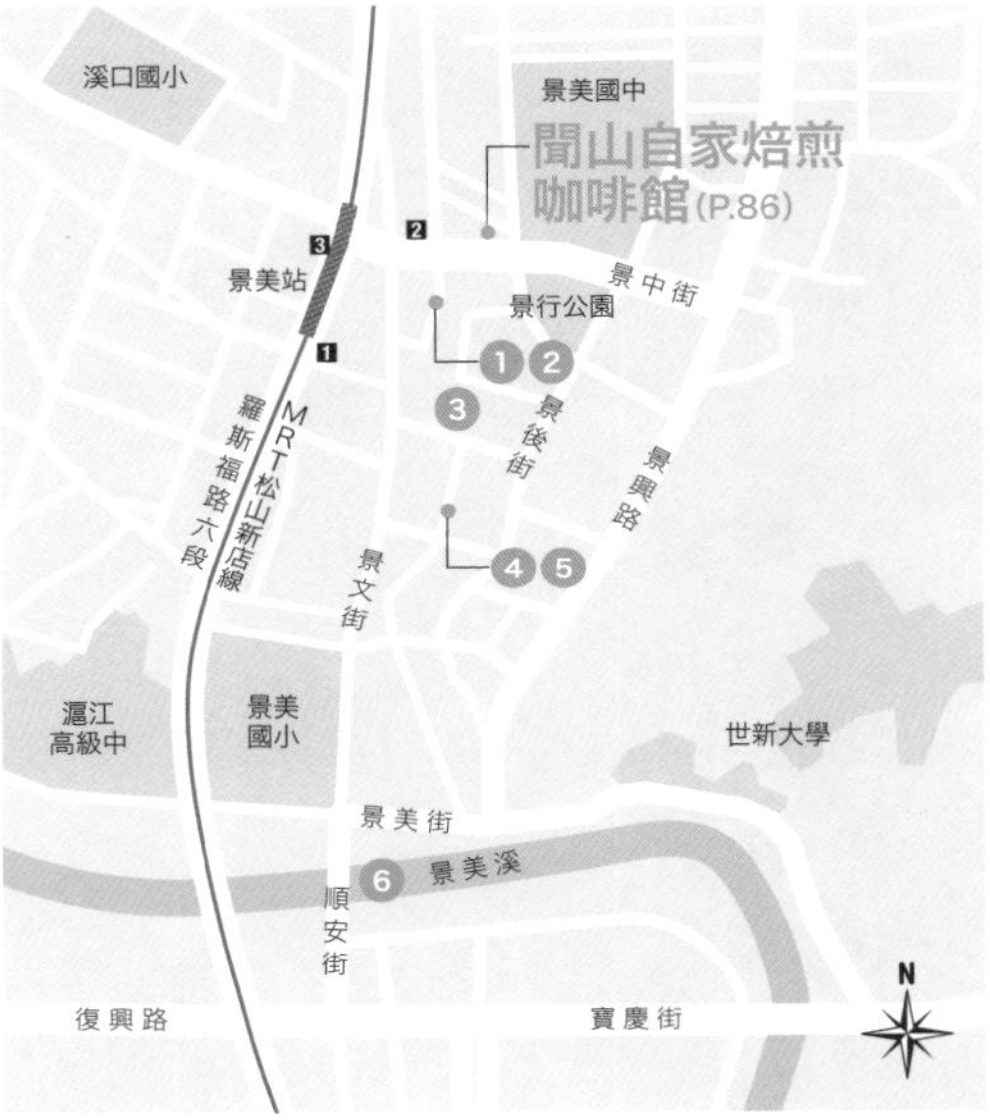

景《ジン》美《メイ》

台北市南部にあり、全長二九・六キロメートルにもなる河川　景美渓《ジンメイシー》を挟んで新北市に隣接するエリア。景美という名前の由来は、昔の呼称「梘尾《ギンベェ》」(台湾語)が幾度かの変遷を遂げたもので、一九六八年には景美區《ジンメイチュィ》となり、その後一九九〇年に木柵區《ムーシャンチュィ》と合併し現在の文山區《ウェンシャンチュィ》となったそうだ。かつての景美の名は先の景美渓ほか、MRTの駅名や道の名前、夜市、廟など各所に残っている。

MRT松山新店線(グリーンライン)景美站からすぐの朝市「景美菜市場」(ジンメイツァイシーチャン)。日曜の昼過ぎ、細い通りは人ひとヒト。

朝市で見かけたお惣菜。アツアツでおいしそう！　食料品、果物、豆花(ドウホァ)に雑貨など規模は小さくても多種多様な店が集う。

朝市の果て、夜市の始まりにある「景美集應廟」(ジンメイジーインミャオ)。前の広場では選挙の催しや広場舞いなどが行れる地域密着の場。

③の廟あたりから始まる「景美夜市」(ジンメイイエシー)は30年以上続く地元っ子のリアルダイニング。小ぢんまりだが美味豊富。散策にもほどよい大きさ。

「景美夜市」にはほかの夜市同様、食べ物店・屋台以外にゲームや衣料品店なども軒を連ねる。レトロゲームに夢中の子どもたちが微笑ましい。

夕暮れ前の「景美溪」。河を挟んで左が新北市、右が台北市。河川敷には釣りや散歩、サイクリングをする人々の姿があって和む。

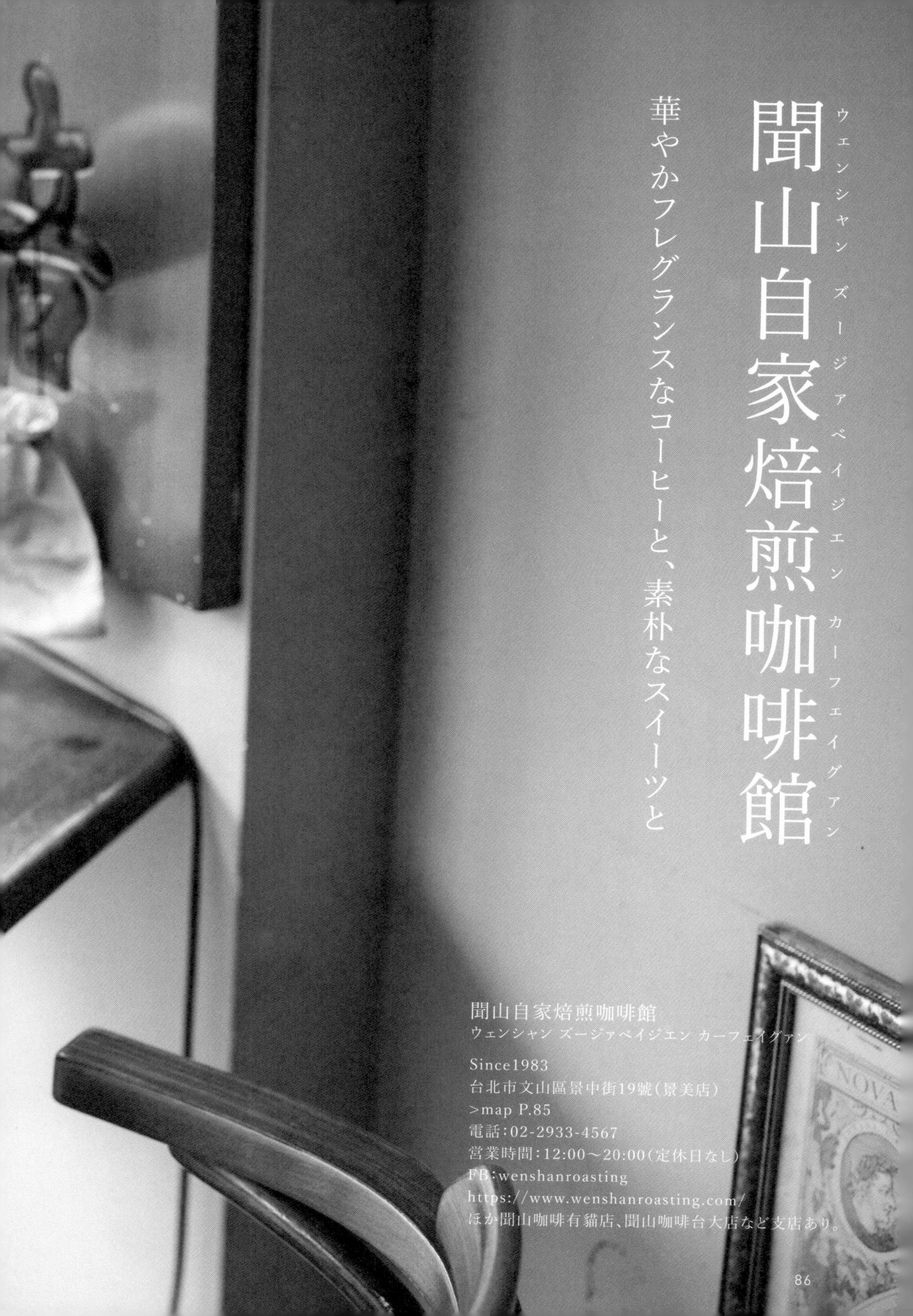

聞山《ウェンシャン》自家《ズージァ》焙煎《ベイジエン》咖啡館《カーフェイグァン》

華やかフレグランスなコーヒーと、素朴なスイーツと

聞山自家焙煎咖啡館
ウェンシャン ズージァベイジエン カーフェイグァン
Since1983
台北市文山區景中街19號(景美店)
>map P.85
電話:02-2933-4567
営業時間:12:00～20:00(定休日なし)
FB:wenshanroasting
https://www.wenshanroasting.com/
ほか聞山咖啡有貓店、聞山咖啡台大店など支店あり。

やや硬めでレトロテイストなプリン焦糖布丁（ジャオタン ブーディン）120元は、ほんのり甘くて素朴な味わい。軽やかな香りで、後味にレモンのような爽やかさが漂う浅煎りコーヒー檸檬糖果 利姆水洗（ニンモンタングォ　リム ウォッシュド）220元との相性もばっちり。コーヒーはデミタスカップとポットで提供。通りに面した窓際のカウンター席にて。

どうしても行きたい喫茶店だった。理由は、夢中になった小説のモデルといわれる場所だから。台北の都市生活や人間関係に疲れ、または夢を抱いた若者たちが集う喫茶店を舞台にした物語が、一九九〇年代の台北という土地の歩みと共に進んでいく。まるで彼らがすぐそばで話しているような瑞々しい文章に、知らずのうちに引き込まれた。だからSNSでその情報を見かけて以来行きたくて行きたくて、新型コロナの影響が薄まり渡台できるようになると喜び勇んで向かった。

店はローカルグルメ集まる「景美夜市《ジンメイイエシー》」の近くにある。夕方過ぎに訪れると、奥には若い人の姿がちらほら。みな静かに本やスマートフォンを見ている。スイーツも評判だと聞いていたのでコーヒーに加えてプリンを注文したところ、プリンは売り切れでしょぼん……とするも、運ばれてきたコーヒーの愛らしさに息を吹き返した。手作り陶芸的温かみを感じる小さなデミタスカップに、ポットに入ったコーヒー。かわいい。ちびちび楽しみながら、念願の喫茶店を堪能した。

現店主は三代目となる曹彦彬《ツァオイエンビン》さん。二代目からこの店を引き継いで十年ほどになる。兵役を終えて就職した頃から、いつかは創業したいと思っていた曹さん。その思いを胸に、コーヒー

店主の曹彦彬(ツァオ イエンビン)さん。じつは一度自らの店を台北の永春で持つも、この店を引き継いでからは長年続いた屋号と歴史、スタイルを大切にしたいと、その自店も「聞山咖啡」の支店として生まれ変わらせた。「僕はコーヒーの味だけが気になるけれど、それを楽しむ環境も大事だと思って」と曹さん。

1.清々しい香りと味わいのレモンタルト、檸檬塔（ニンモンター）180元。週末限定。**2.**シークレットスイーツ、隱藏版甜點（インツァンバン　ティエンディエン）は何が出るかお楽しみ。値段もものによる。**3.**豆の個性を味わってほしいと、基本的にはミルクも砂糖も提供していないというストイックさだが、ラテ（咖啡拿鐵）やお茶類などもしっかりある。**4.**サイフォン式は、ちょうどよい火加減と時間であってこそ香りが際立つという。曹さんは花や果実のように華やかな香りの豆が好きで、メニューもそんな顔ぶれが中心。

に造詣の深い父の友人が開いたカフェに手伝いを兼ねて学びに入ったのが二四歳前後のことだ。ちょうど台湾で「精品咖啡《ジンピンカーフェイ》」（スペシャルティコーヒー）が流行り始めた時期だったという。そこで曹さんはコーヒーの面白さに目覚め、一生携わっていこうと決意する。まずは焙煎を突き詰めたいとさらに学びを深め、「咖啡社團《カーフェイシャートゥアン》」（自身でコーヒー豆を焙煎する人々が集ってテイスティングや情報交換などをするクラブ的なもの）にも参加。そこで知識を得ると同時に仲良くなった友人から店を引き継ぐことになった。

　コーヒーはよい豆であることが何より大事で、焙煎や淹れ方が左右するのは少しのこと。あくまで豆自体の本質が大切だと言いつつも、焙煎について語ると目が爛々と輝く。豆は同じでも焙煎機や考え方の違いでそれぞれのスタイルが出ると言い、豆と向き合うことを「交朋友《ジャオポンヨウ》」（友と交わるようなもの）と表現する曹さん。普段は自らの焙煎工場にいることが多く、そこで焙煎されるコーヒー豆は自店のみならずレストランやカフェにも卸している。オーソドックスから個性強めな味わいまで揃い、スイーツもコーヒーに合うものを基準にセレクトしているというそのメニューに、コーヒーへの愛を見る。

開店前の「聞山自家焙煎咖啡館」外観。存在感ある看板が目を引く。MRT松山新店線（グリーンライン）景美站まで徒歩わずか1分ほどという好立地。店主の曹さんは通常焙煎工場にいて、店は若いスタッフに任せている。スタッフはみな試用期間中にコーヒーについて理解を深め、練習を重ねた精鋭たちだ。彼らが気持ちよく働ける待遇や環境づくりにも余念がない曹さんは「コーヒーでみんながハッピーになれたらいいですよね」と言う。

中台禪寺
免費
普照精舍禪修班熱烈招生中
報名專線：(02)8663-7701・地址：台北市文山區興隆路一段53號
17
聞山自

COLUMN 4

老舗ケーキ店で
カフェタイム
その1

紅葉蛋糕《ホンイエダンガオ》

1

白に赤いロゴと模様が特徴的な丸いケーキボックスは、台北っ子たちのお祝いごとに華を添える代表的存在だ。ふんだんに空気を含み、ふわりふわりとした食感のシフォンケーキを、たっぷり厚めの生クリームがカバー&イン。生クリームの量感に一瞬おそれをなすものの、このクリームがじつに軽やかかつさっぱりとした甘さでエアリースポンジと相まって、なんだか優しさそのものを口にしているようなマイルド極まりないおいしさだった。店の歴史は半世紀以上にもなる。創業者である許建平《シュージエンピン》さんがケーキ店を志したのが一九六六年。まだ生クリームケーキが一般的でなかった当時、ユネスコの駐台代表の家にシェフとして勤めること九年、その間イタリア大使夫人からケーキ作りも学び、多くの海外からの賓客の賞賛を得て創業を目ざすようになったという。その独自の配合と技法で作られる生クリームを使ったケーキは評判となり、いまもなお根強く支持されている。旅行者にホールケーキは厳しいけれど、近

紅葉蛋糕

ホンイエ ダンガオ

Since1966

新北市新店區民權路5號（新店店）

>map P.157

電話：02-8665-6228

営業時間：10:00〜20:00（無休）

https://www.hongyeh.com.tw

※基本的にはテイクアウト専門店舗だが、この新店店はイートイン可のお店。

2

3

4

5

年はカットケーキを販売する支店もできてうれしい限り。時代のニーズに合わせてカットケーキとそれを楽しめる場所を提供したいと考えるようになった、とは若き三代目の言だ。ありがたすぎる。新しい味も果敢に開発し、好評なら定番化する。変えないところは頑なに、けれども柔軟に変化も厭わない。進化し続けるその姿はまるでこの生クリームのように、軽やかに。

1.ピンクがかわいくてジャケ買いならぬ色買い！な生クリームいちごケーキ、鮮奶油草莓（シエンナイヨウ ツァオメイ）115元。いちごを搾ったジュースを混ぜ込んだほんわりいちご風味なスポンジと、軽やか生クリームのナイスコンビネーション。ケーキとクリームが優しい分、さくらんぼの砂糖漬けの甘さがいいアクセントに。**2.**イートインが可能な新店（シンディエン）店の入り口。ロゴがいい感じ。**3.**オーナーオリジナルブレンドの橙香奶茶（チェンシャン ナイチャー）160元は薫る柑橘が爽やか。ケーキに合うようにと、ドリンクはどれも甘さ控えめにしているそう。イートインの場合はミニマムチャージドリンク1杯。**4.**ケーキボックスもレトロでかわいい。**5.**昔ながらの定番、鮮奶油巧克力（シエンナイヨウ チァオクーリー）115元。ソフトで甘すぎないチョコ味は大人から子どもまで人気。

老舗ケーキ店でカフェタイム その2

美心食品《メイシンシーピン》

1

センスが光るショップやカフェが点在する富錦街《フージンジェ》や台北松山空港から徒歩十分ほど。松山區《ソンシャンチュィ》は民生東路《ミンシェンドンルー》に位置するベーカリー「美心食品《メイシンシーピン》」は、ちょうどこのあたりが経済的に発展しようとしていた四十年前に産声を上げた。朝早くからパン職人たちが丹精こめたパンが並び、昼には麻油雞《マーヨウジー》(ごま油や米酒で煮た鶏肉料理)、紅焼肉麵《ホンシャオロウミエン》(豚の角煮麺)、排骨菜飯《パイグーツァイファン》(トンカツの菜飯)などシェフが作る平日限定のお手頃ランチを求めてビジネスパーソンが訪れる。エッグタルトや中秋節のみ登場の月餅なども人気だ。そしてケーキ。いくつかの種類がショーケースに陳列されているが、いちばんの看板商品はなんと言ってもコーヒーのほろ苦さを感じるクリームとスポンジに胡桃のキャラメリゼを盛った咖啡核桃蛋糕《カーフェイハータオダンガオ》だ。しっとりスポンジはほどよい甘さで、キャラメリゼした胡桃との食感と甘さのコントラストが秀逸。素朴でちょっぴり大人味。とくに生の胡桃を揚げ、そこからの手順は秘密——という自慢の

美心食品

メイシン シーピン

Since1983

台北市松山區民生東路四段47號

>map P.157

電話：02-2713-8900

営業時間：7:30～19:00（土日は9:00～18:00）

FB：maximbakery

https://maximsbakery.com

2

3

4

5

胡桃のキャラメリゼが、これだけでも買って帰りたいほど好みの味だった。このケーキの誕生は約三十年前、アメリカ軍関連のクラブで食べておいしかったものをパティシエが研究して作り出したものだと現オーナーの陳秀娟《チェンシウジュエン》さんが教えてくれた。陳さんが張媽媽《ヂャンマーマ》（張かあさん）と親しげに呼ぶ創業者から、店を継いだのが二〇一九年。長年勤めていた職人たちもそのまま継続して勤めている。その変わらぬ味を、この一店舗に込めて提供し続ける。

1.看板商品のコーヒーと胡桃のケーキ咖啡核桃蛋糕（カーフェイ ハータオ ダンガオ）90元。コーヒークリームとスポンジ、胡桃のキャラメリゼの絶妙トライアングルは、品のあるビジュアルに違わぬお味で、登場から何十年も経ったいまも熱い支持を受ける。このクリームの控えめな分量がまた素晴らしく、スポンジのふんわり感と胡桃の甘みが際立つ。**2.**「美好心意」（メイハオ シンイー：美しい心）で今日も明日も明後日も。**3.**こちらはクリーム厚めでリッチなモカテイストのケーキ、咖啡摩卡蛋糕（カーフェイ モーカー ダンガオ）100元。表面をナパージュしたプルプル感と胡桃のキャラメリゼがこれまたナイスコントラスト。若者人気高し。**4.**店の奥にはイートインスペースが。**5.**アメリカン美式咖啡（メイシー カーフェイ）110元などドリンクも。ぷるんとビッグなチーズパイ起士派（チーシーパイ）90元ほかケーキもいろいろ。

雪可屋《シュエクーウー》

学生の街で、しばしのまどろみを

雪可屋
シュエクーウー

Since1989
台北市大安區溫州街74巷3弄2號 1樓
>map P.108
電話:02-2367-3036
営業時間:12:00～24:00(月火水金)、
11:00～24:00(土日)(木休み)
FB:雪可屋

音楽好きの店主・黄さんらしい壁一面のレコードジャケット。流す音楽はジャズが多めとか。それぞれの作業に集中して、疲れたらゆるーっとひと休みして、お腹が空いたら定食やスナックなんかもあって……椅子は絶妙に座り心地がいいし、流れる音楽もほどよくて長居したくなる要素しかない。夜遅くまで営業しているのもうれしい。

確か、台湾好きの日本の友人に連れて行ってもらったのが最初だったと思う。店には真剣なのか眠いのかわからない状態で課題に取り組む学生らしき若者がたくさん。みんなの机には巨大なドリンク。このやや気だるいような自由な空気感がとても心地よくて、以降、自分も留学中の課題をしに何度か足を運んだ。お気に入りは「檸檬緑茶《ニンモンリューチャー》」(レモングリーンティー)のアイス。レモン果肉がたゆたうアイス緑茶は鮮烈で、量もたっぷり。この量感に長居してもいいよと言われているようで、なんだか優しさを感じてしまう。

「雪可屋《シュエクーウー》」がスタートしたのは一九八九年。店主の黄俊邦《ホアンジュンバン》さんが始めた店だ。兵役後、セールスなどの仕事に就いていた黄さんだが創業しようと一念発起。学生時代のレストランでのアルバイト経験を活かし、喫茶店を構えた。開店当時まだ台湾に少なかったというエスプレッソの機械を入れ、コーヒーは自ら生豆を焙煎。店名の「雪可屋」は「シェイクハウス」という音をもじったものだが、その名の通り、シェイカーを振って手作りするタピオカミルクティーが評判となった。ところが二〇二〇年末、閉店の報を聞く。あの場所が……と悲しみに暮れていたのも束の間、二〇二一年三月に移転オープンと知りホッとしたの

店主の黄俊邦(ホァン ジュンバン)さんは毎日店に立ち、週に2日はコーヒー豆の焙煎もここで行う。開店当初はひとりで営業していたが、その後、お姉さんが手伝ってくれるようになり、長年勤める頼れるスタッフもできた。「カフェも音楽も好き」という黄さんの好きが詰まった空間は、その朴訥とした人柄のように気取らず簡潔だ。

を覚えている。そうして恐る恐る訪れた移転先は前の店からほど近く、場所こそ違えど、内装もメニューも雰囲気もそのままだった。変わらず迎えてくれた居心地のよさに思わず安堵。黄さん曰く、賃料の問題などさまざまな理由から一度は店を閉めたが、多くのお客さんの惜しむ声を聞き、悩みに悩んで再度の出発を決意した、と。

「台湾は暑いから、たくさんお茶を飲んで渇きを癒やさないと。夏は特にね」とビッグサイズなドリンクの理由について教えてくれた黄さん。やっぱりこの大きさは思いやりだったのかとうれしくなる。茶葉は南投産、甘味付けは蔗糖を自分たちで炒ったものを使い、台湾産の緑色のレモンを生搾りし、それら誠実に準備された材料をシェイカーでブレンドするティーメニューは、華やかさはなくてもじんわり心身に染み入る。そのマインドで手作りされるほかのメニューもおいしい。できればまだまだ長く、続いていってほしいと願う。

1.若者たちが本とノートを広げてペンを走らせる傍らには、ビッグサイズのアイスドリンク。2.シェイカーを振る黄さん。タピオカミルクティーは白く小粒のタイプ（珍珠奶茶 西米露）と、黒く大粒のタイプ（黑珍珠奶茶 粉圓）があるなどシェイク式ドリンクもいろいろある。3.定番のカプチーノ（卡布奇諾）、ラテ（拿鐵）、エスプレッソ（義大利濃縮咖啡）ほかコーヒー関連も抜かりなく。4.思い切りくつろぐ若いお客さん。だが若者だけでなく年配の常連さんも多く、かつて学生時代に来ていた人が時を経て懐かしんで再訪することも。5.外観は緑に覆われた隠れ家のよう。もと書店だった場所だそうで、住宅楼の1階にある。

台湾式おこわの筒仔米糕（トンズー　ミーガオ）70元と、レモンアイスグリーンティー檸檬緑茶 冷（ニンモン リューチャー ラン）中サイズ150元の激強組み合わせ。筒仔米糕も手作りで、餅米に干しエビ、シイタケが入ってもっちりと食べ応えがあり、ほんのりスパイシーな醤油ダレ（醤油膏）が効いている。檸檬緑茶は言わずもがなの巨大さと爽やかさで、作業も放心も非常に捗る。

天曉得

ティエンシャオダー

Since1984

台北市大安區師大路105巷9號

>map P.108

電話：02-2362-6415

營業時間：11:30〜21:00（月休み）

FB：godknowstaiwan

天暁得《ティエンシャオダー》

自由のためのコーヒー

このわっさり緑の奥に見え隠れするウォームカラーのライトに照らされた空間こそ、お目当ての喫茶店。台湾師範大学の裏側エリアにあり、学生たちのホットスポット「師大夜市」（シーダー　イエシー）からも徒歩5分ほどと近い場所にありながらとても静かな環境だ。土曜の14時過ぎ頃、大学も休みの週末は人もまばらでさらに穏やか。

たくさんの書籍やオブジェ、グラスなどがそこかしこに。このやや雑然とした感じが肩の力を抜いていいと言ってくれているかのようで、リラックスできる。奥で作業中なのが店主の廖さん。

学生街に素敵な喫茶店がある。そう聞きつけてやってきた我々を迎えてくれたのは、わっさり緑生い茂るファサード。プライベート空間のような佇まいは入るのに少し勇気を要するが、扉を開くと古書店のような気配に期待感が高まる。濃茶の檜の板を踏んで一段上がると、かすかに板の軋む感触。目を引く丸窓際に座るとテーブルに緑が映って涼やか。すぐに同じく丸いフレームの眼鏡をかけた女性がオーダーを取りにきてくれた。口頭で、四種の定食と食後のドリンクの説明を受け、雞腿《ジートゥエ》（鶏もも肉）の定食を注文した。

ほどなくして料理とスープが運ばれその美しい姿に早速実食と息巻くも、スプーンとフォークしかない。ナイフが欲しいと言い出せず、なんとかなるかと手をつけたところ——スプーンとフォークでホロホロほろほろ雞腿が崩れていくではないかっ！　ほぼゼロ抵抗で骨からほろりと落ちる雞腿、その柔らかさもさることながら、甘じょっぱい味わいもおいしくて、付け合わせの野菜も紫米もすべてが完美なるハーモニーであっという間に胃に消えた。サイフォンで淹れられた食後のコーヒーも香り高い。

この注文をとりに来てくれた丸眼鏡の女性こそが、店主の廖英彩《リャオインツァイ》さんその人だった。語る姿はチャーミング。幼い頃から読書が好きで、いちばん楽しかったのは本を読むことだったというほどだ。本、そして芸術を愛する廖さんが開いた一店舗目は茶藝館。その次はバー。次に喫茶店となり、四店舗目がいまの「天暁得《ティエンシャオダー》」となる。中学の頃から飲み始めて大好きだというコーヒーは、一店舗目の茶藝館でもサイフォンで淹れて常連さんに振る舞っていた。それらの場所で芸術を愛で、アーティストたちと交流し、彼らの手助けになればという思いで展示やイベントなどを行ってきた。

廖さんが店を構えたきっかけは「為了自由《ウェイラズーヨウ》」（自由のため）。台湾南部から大学受験のために台北に来て、一度は補習班《ブーシーバン》（学習塾）に勤めたものの、心には独立を秘めていた。いくつもの店を経て、何十年も独りで奮闘し、ひどく傷つくことも疲れることもあった。青春のすべてを「自由であるために」費やしたが、後悔はないと言い切る。店を開けたくなったら開けて、閉めたくなったら閉めて、外出したり旅行したり〝縛られず自由でいたい〟という強い気持ちが原動力だ。

とはいえ、店に流れる空気はしごく穏やか。そっと揺れる窓外の緑が店内に響くクラシックとリズムを同じくするようで、その合間にたゆたうと心が凪いでくる。「天暁得《ティエンシャオダー》」（神のみぞ知る）。この自由精神による喫茶店が、若人から御年九十歳を超える年配者まで幅広い人々に愛されている理由を体感する。

1

2

3

4

1.ここに移転する前の店やお客さんとの思い出の写真を、紙焼きでたくさん保管していた廖さん。その大事にケースに入れられた数多の写真から、人との縁と歩んできた道を愛おしむ心のあり方が伝わってくる。**2.**芸術を心から愛し、芸術家たちと交流してきた廖さんには思い出深い作品も多い。こちらは大学教授の臺靜農氏が贈ってくれたという作品をスマホで見せてくれているところ。**3.**コーヒーはブラックのみ。40年間ずっとサイフォンで淹れ続けていて、豆をかじって味をみて、その時々で淹れ方を調整するという。やや酸味のある味わいが特徴的。単品の場合は咖啡（カーフェイ）200元。**4.**さまざまなアーティストたちが描いた店の肖像。２０２４年に創業から40年を迎え、これらの作品の特別展示を企画中だと教えてくれた。

氷砂糖、醤油、ビールなどで煮込んだ鶏もも肉の定食、雞腿（ジートゥエ）400元。季節のスープとドリンク付き。ドリンクはコーヒー以外にバラ茶（玫瑰花茶）なども。定食は雞腿のほか、煮込み豚足（冰糖豬腳）、魚、豚肉のソテー（松阪豬）の4種類を日替わりで提供。ひとりで作っているため数量限定、売り切れの場合はご容赦を。

店主の廖英彩（リャオ インツァイ）さんは、周りの人に変わり者だと言われることがあっても信念を貫き続けてきた。店のことは掃除を専門のスタッフに任せている以外、買い出しも調理もすべて自分で行う。「ここでコーヒーを飲んで、ゆっくりして行ってもらえたら」と廖さん。服装は黒が、花は白が好き。このチャーミングな弾ける笑顔に胸キュン。

台北全体図はP.157

台大《タイダー》、台師大《タイシーダー》

台湾大学と台湾師範大学があるこの一帯は、大学関係者や学生たちのオアシス。閑静な住宅街といった街並みに書店や音楽・アートを扱う店が点在するアカデミックな空気感と、学生たちがワイワイ集う大学付近の夜市のエネルギッシュさが同居する。最寄駅はＭＲＴ松山新店線《ソンシャンシンディエンシエン》（グリーンライン）台電大樓站《タイディエンダーロウヂャン》か公館站《ゴングアンヂャン》。

「台師大」（タイシーダー）や「師大」（シーダー）の愛称で呼ばれる「台湾師範大学」は、1992年設立の教育者育成の名門校だ。

台湾師範大学の裏手には、学生でにぎわう師大夜市（シーダーイエシー）が毎夜立つ。こぢんまりとまとまっていて散策しやすい。雑貨などもあり。

1928年設立、台湾一の最高学府、台湾大学。「台大」（タイダー）とも呼ばれる。広大な敷地を学生や地元の人が行き交う。ヤシの並木道は壮大。

台湾大学の最寄りMRT公館站の付近には、学生たちが好みそうなオシャレショップやお手頃グルメも点在。学生街らしい雰囲気が漂う。

ビル型市場の水源市場（シュェイユエンシーチャン）では1・2階に食材や生活用品が並ぶ。ランチにもってこいなプチグルメも有。

水源市場の周辺には公館夜市が立つ。暗くなりきらない夕方からポツポツ屋台が始まり、学生たちがそぞろ歩く。小さな夜市。この看板が目印。

本一冊持って

旅に出るときは、本を一冊持っていく。旅の友となるのは往々にして文庫本。軽くて小さくて持ち歩きやすいからだ。できれば分厚すぎないほうが身体に負担は少ないけれど、読みたい場合は気合いで頑張る。旅に出ると決まったときから書店でこれぞ！と思う一冊を探すのも楽しいし、読みかけで放置していた本やまっさらの積読を連れていくのも読書のきっかけになっていい感じ。個人的にもっともお供率高しなのはアンソロジーや短編集で、喫茶店滞在の短い時間に読むのにちょうどよく、物語ごとに読む場所が変わると、世界観ごとトリップしているみたいで特別感があるから。訪れる場所に関する本を選ぶのもいい。作品の舞台だったり、その場所をより知るための専門書だったり、本の世界と同じ土地に身を置いて読むことができるのも旅ならではの醍醐味だ。

旅先で読みたい本があるときの無敵感ときたら。電子書籍ももちろんありだが自分はビビりゆえスマホの電源をなるべく温存しておきたいので、旅では紙の本が神。とくに喫茶店では、本は共に時間を過ごすよきパートナーとなってくれる。ときにあまりに夢中になりすぎて店を愛でる余裕がなかったこともあったりしたが、それもまた旅の思い出。

黒豆坊咖啡
ヘイドウファンカーフェイ

Since1988
台北市士林區中山北路五段527號
>map P.116
電話:02-2883-1125
営業時間:12:00〜22:30(毎月最終水曜日休み)

黑豆坊咖啡《ヘイドウファンカーフェイ》

夜市のあとの読書タイム

夜の店内は明るさを落としたしっとり空間。だが各テーブルにしっかりデスクライトがあり、読み物書き物にも優しい灯りが手元を照らしてくれる。席によっては明るさ調整のためにライトを覆うお手製遮光カバーがかけられていたりしてほっこり。いたるところにアートが掛かる。

台北最大といわれる巨大な「士林夜市《シーリンイエシー》」から徒歩一二分ほど。ピーク時には歩くことも困難なほど屋台の合間を埋め尽くす人並み、そのエネルギッシュな夜市を通り抜けてしばらくすると喫茶店らしいガラスと木枠の入り口が見えてくる。店は奥に広くて、まばらに若いおひとり客が静かに座っていた。どこでもどうぞと案内してもらい、誰もいなかった最奥のエリアに陣取る。「黒豆坊咖啡《ヘイドウファンカーフェイ》」。さっきの夜市の喧騒が嘘みたいにここは静かで、疲労困憊の足も気持ちも救われた。

店の歴史を紐解くと、もとは士林夜市にあったという。その場所を選んだのは、人が多いエリアだったのと、低コストで小さく管理しやすい物件だったからと店主の廖《リャオ》月真《ユエヂェン》さんは言う。隣はビンロウ屋さん、BGMはカセットで。フードを出さずコーヒーのみで勝負することを、みんなにクレイジーだと言われたと廖さんは振り返って笑う。苦労しながらも徐々に常連を増やし六年間そこで営業を続けたが、MRT建設のための区画整理エリアとなり、現在の場所へ移転した。

店で出すコーヒーは自家焙煎の豆を用い、サイフォンで丁寧に淹れる。メニューに並ぶアフリカ、中南米、アジアのスペシャルティコーヒーは三十種類以上もあり、そのうちエチオピア産だけでもシダモ ナチュラル、ハラール ナチュラル、イルガチェフェ

1.カウンターでコーヒーを淹れる店主の廖(リャオ)さん。サイフォンで丁寧に。**2.3.**以前の店の様子を収めた大事なアルバムを見せてくださった。モノクロの写真は、芸術家であるお客さんに「人生は白黒だから、モノクロで撮って欲しい」と廖さんがリクエストしたものだそう。**4.**入り口付近の座席は明るめ。パソコンを開いたり、雑誌を読んだり、思い思いに過ごすお客さんたち。**5.**外観。このアンバーでとろみある灯りに引き寄せられる。

ブレンドコーヒー、特調綜合咖啡（ターティアオ ゾンハー カーフェイ）100元とティラミス、提拉米蘇（ティーラーミースー）90元。甘さを抑えた手作りティラミスがコーヒーの味わいを優しく引き立てる。コーヒー以外に紅茶や花茶、フルーツジュースも。

イディド ナチュラルなど一一種類も扱うという熱の入れようだ。「コーヒー豆は農産品なので、時季により異なりますから」と淹れ方、焙煎にもこだわる。これらは経営パートナーで焙煎士でもあるジェンさんの力も大きい。ジェンさんはもともとコーヒー器材の輸入を手掛けていた人物で、コーヒーの知識豊富なうえ、一九九五年頃からは自ら焙煎も始めた。いまでは喫茶店業のほかに焙煎機の販売も行うほどだ。

「重質《チョンジー》，不重量《ブチョンリヤン》」（大事なのは質で、量ではありません）と、コーヒーはあくまでリラックスのためのものであり、カフェイン摂取のためのものではないと廖さんは言う。いまでは娘さん二人も一緒に店に立ち、末の娘さんが手作りする低糖・低脂の素朴な味わいのスイーツが、さらにコーヒーとリラックスタイムを彩る。昼間は年配の常連さん、夜は若者たちが、くつろぎのひとときを求めて訪れる。混み合う夜市を堪能した後の、束の間の読書時間。ここは「音樂《インユエ》、閲讀《ユエドゥー》、咖啡《カーフェイ》，融合在一起《ロンハーザイイーチー》」（音楽と読書、コーヒーが融合する）の空間であると廖さんが形容するように、それらの妙なる調和が優しく包み込んでくれるような居心地に、旅のお供に持ってきた文庫本もひととき沁みる。そんな気がする夜だった。

店主の廖月真（リャオ ユエヂェン）さん。もとは出版社にデザイナーとして勤めていた。開業当初の30代から40代頃まではとにかく必死で、給料もないほど資金繰りも大変だったがそれでも折れることなく喫茶店を続けてきた。店の内装は自分たちで行い、ロゴデザインも廖さんによるもの。音楽も好きで、木が基調のインテリアと天井の布は、音を柔らかく拡散するためにこらした工夫だ。

台北全体図はP.157

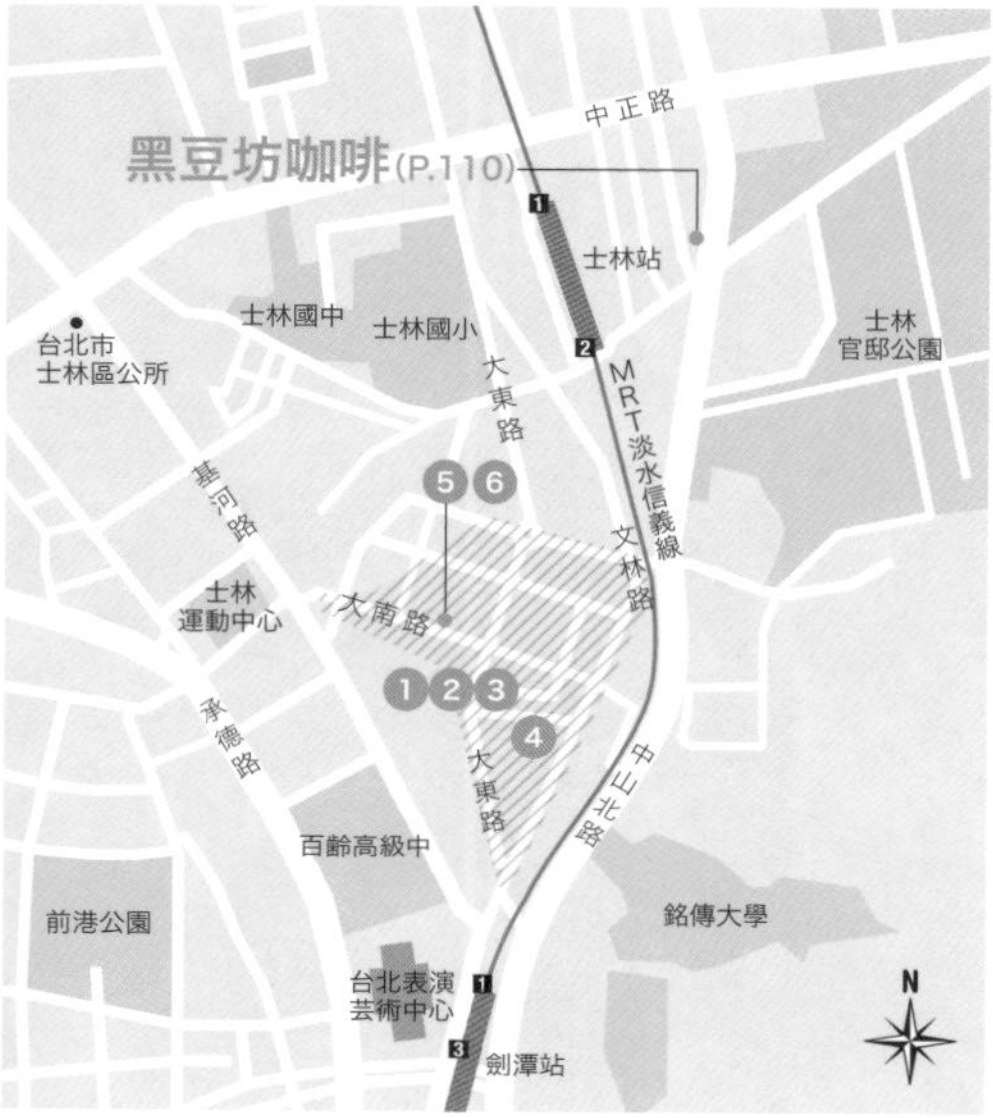

士《シー》林《リン》

この地名を聞いて思いつくのは観光客的には何といっても「士林夜市《シーリンイエシー》」。この巨大夜市を擁する士林區《シーリンチュイ》は台北一広い面積を持ち、「國立故宮博物院」や「臺北表演藝術中心」なども位置する。一八九七年地方制度改正の折、このあたりで塾や学校などが広まり「士子如林《シーズルーリン》」（学問の徒 林の如し）だったことから「士林」と命名されたという。

MRT淡水信義線（レッドライン）剣潭站1番出口すぐから始まる「士林夜市」は台北市最大規模のナイトマーケット。物量も熱気も段違い！

夜7時頃には食べ物屋台エリアは人並みで大渋滞！　その活気に圧倒されながら流れ流され漂う夜市も一興。混む時間前に行くのも手だ。

廟前にあった麺線（ミエンシエン）の屋台にて。トロみあるカツオベースなスープに細麺たっぷり、熱々で温まる。牡蠣がダメな人は不要と伝えよう。

ふんわり氷がたまらない「辛發亭」（シンファーティン）は夜市でも評判のかき氷の老舗。店がある安平街は情人巷（チンレンシアン：恋人通り）とも呼ばれる。

夜市の中にある「士林慈誠宮」（シーリンツーシェンゴン）は天上聖母（媽祖）を祀る。1796年に建立するも焼失、1864年に再建された。

「士林慈誠宮」では線香とともに祈りを捧げる人の姿もたくさん見かけた。それに倣って訪台できた感謝と地域の方々の平穏と健康を祈る。

台北全体図はP.157

晴光商圏《チングァンシャンチュエン》

日本人観光客でもにぎわう中山《チョンシャン》、雙連《シュアンリエン》のそのもっと北側に位置する「晴光商圏」エリア。そこは一九五〇年～一九七九年頃に駐台していた米軍関係者用のレストランやベーカリー、バーなどがあった地域でもあり、いまも点在する舶来品店がその名残を感じさせる。「晴光市場《チングァンシーチャン》」や「雙城街夜市《シュアンチョンジエイエシー》」もここに。

「雙城街夜市」（シュアンチョンジエイエシー）。夜市の名を冠するものの、日中から夜遅くまで店や屋台がにぎわいを見せる。

魯肉飯が評判の「黄記魯肉飯」（ホァンジー ルーローファン）は昼夜ごはん時には大行列の人気ぶり。テイクアウト、イートインどちらも可。並ぶ価値あり。

とろりほろりとした肉とごはんのハーモニーが優しい「黄記魯肉飯」の魯肉飯。タケノコと肉のスープ（竹筍排骨湯）もぜひいっしょにどうぞ。

1949年創業のベーカリー「福利」（フーリー）。フランス式パンで名を馳せ、その後さまざまな国のパンと技術を取り入れ現在も評判だ。

「晴光市場」（チングァン シーチャン）では舶来品や生活雑貨、小吃店がアーケードの元に軒を連ねる。昼前くらいからゆっくり営業開始。

摩豆咖啡坊の裏手には立派な教会が。そのほかにもフィリピンの人々が多く集う教会やスーパーも近隣にある。てくてく歩きが楽しいエリア。

摩豆咖啡坊《モードウカーフェイファン》

緑に潜むとっておき

摩豆咖啡坊
モードウカーフェイファン

Since199[illegible]
台北市中山區雙城街10巷20號
>map P.117
電話:02-2596-1885
営業時間:11:00～18:00(日曜休み)

左／ハウスブレンド、綜合咖啡(ゾンハーカーフェイ)ホット150元。平日開店直後、道ゆく人とバイクを眺めながらコーヒーの香りと熱さにホッとゆるむ。右／扉前にわっさり緑。どの子も生き生き艶々あふれる生命力に手入れをする店主さんの愛情が感じられる。鉢の置き方はパズルのようにランダムで、そのおおらかな感じもよき。

あまり行かない場所を訪れると、思わず地図アプリでいろいろ検索してしまう。台湾でのお約束マイワードは「早餐《ザオツァン》」（朝ごはん）、「臭豆腐」、そして「咖啡《カーフェイ》」（コーヒー）。この「摩豆《モードゥ》咖啡坊《カーフェイファン》」もそうして見つけた喫茶店だ。地図を頼りに「晴光《チングァン》市場《シーチャン》」のアーケードを抜けると、ここ?という位置を指している。見るとシャッター。ファーストコンタクトは定休日だった。次の渡台でも閉まっていて、緑のなさに嘆きながらも諦めきれずに再々訪。すると、もっさり緑茂るその奥に、赤い絨毯と白いレースのカーテンの、御伽噺みたいな喫茶店が迎えてくれた。

ちょっと重めの扉を開けると、風鈴がチリンと鳴る。古い映画のようなセピア色の世界。そこにとってもお洒落なマダムがひとり、どうやら店主さんらしい。窓際の席は明るくて、運ばれてきたブレンドの水面もその光を反射する。エメラルドグリーンの地色に白の胡蝶蘭を描いたカップ&ソーサーも素敵で、テーブル上の小さな観葉植物の葉は汚れもなく艶々していて気持ちがいい。この空間を独り占めなこともあれば、市場で買い物したらしきおばちゃまがひとり、またひとりと何かを手に集まり、そしてちょっと行ってくるわと出ては戻ってきたりすることもあった。総じてこのゆるい空気がたまらない。

1. 店主のモモさん。いつ行ってもとってもお洒落でそのファッションセンスにも憧れる。「モモ」という名前は本名に「桃」の字が入っていることと、親御さんが日本語教師だったところから。舶来品を買いに来たり、コーヒーを飲みに来ていたこのあたりが好きで、友人との縁もありこの地に開業した。**2.** カウンターでくつろぐ常連さん。聞けば日本の方で、モモさんの人柄を慕って何度も訪れているという。**3.** 粉をブレンドするところからこだわる自家製ワッフル、鬆餅（ソンビン）150元。焼きたてがうれしい。**4.** 棚に並ぶのは、常連さんたちのマイカップ＆ソーサー。どんな人がどのカップを使っているんだろう？ あれこれ想像するのも楽しい。**5.** カウンターにはサイフォンが整列する。きれいに手入れされた道具やキッチンは、いいお店の証。

ここは一九九八年に、店主のモモさんが始めた喫茶店だ。西《シー》門町《メンディン》の有名西洋料理レストラン（現在は閉業）で十年以上勤め、サイフォンの扱い方などもそこで習得した。だがそれに甘んじることなく、開業に際して「時代によって求められるものが違うから」と新たに学び直した。店は目に付くところだけでなく作業スペースまでも清潔で、絨毯も半年に一回は大掛かりに洗濯する。コーヒー豆はその道数十年以上の友人に焙煎を依頼し、深みのあるブレンドは五種の豆の比率を自ら決めた。「我在這邊我學到很多《ウオザイチエービエンウオシュエダオヘンドウオー》，真的是毎天都在上課《チェンダシーメイティエンドウザイシャンカァ》，好高興《ハオガオシン》」（ここで多くのことを学びました。毎日授業を受けているようなもので、とても楽しいです）といまでも日々、向上心は尽きない。

取材当日、カウンターには大きな花束が置いてあった。聞くとなんと昨日が誕生日だったそうで、お祝いの贈り物なのだという。お客さんとはいつの間にか友だちになっているというモモさん。初めて店を訪れた時、挙動不審な自分にも感じよく応対してくれたことを思い出すと、そのワケがわかる気がする。手入れの行き届いた店の植物たちに感激したと伝えたところ、「愛它呀《アイターヤ》」（愛してるからね）と笑顔。内緒にしておきたいような、みんなに知ってほしいような、愛しの喫茶店だ。

開店当初から変わらぬ店内。すっきりとゆとりあるレイアウトで、この席と席の距離感もまた心地よさの理由だ。壁にかかる絵は店舗を設計したデザイナーさんが贈ってくれたもの。店の雰囲気とその時の心持ちに合わせてセレクトしているという古い洋楽が、ちょうどよい音量で流れる。

各店の！カップ拝見

天曉得 P.102
店に響くクラシック音楽と趣向を同じくするように、カップも優美な佇まいのものが多い。バラ茶はどっしりした器での提供だった。

優咖啡 P.128
台湾でよく見かけるお馴染みの台湾食器メーカー「大同磁器」の白いカップ&ソーサー。ほかのカップも時によりメーカーは違えど白で統一。

蜂大咖啡 P.10
台湾の陶器の街「鶯歌」(インガー)で作っているというロゴ入りオリジナルカップ。絵柄入りのにぎやかバージョンもあり。かわいい。

馨苑咖啡館 P.46
コーヒーによって違うカップでご提供。セットのコーヒーは潔く白、そのほかの種類は絵柄入りの繊細なカップをセレクトしている。

蜜蜂咖啡 P.62
店主さん自ら絵付けしたアーティスティックな一点もののカップ&ソーサー。モチーフは自らの故郷だったり、世界の名画だったりいろいろ。

老樹咖啡 P.68
店の雰囲気に合ったクラシカルで重厚感あるテイスト。開店当初から使い続けているものが多い。この器の裏には「Armond China」の文字。

喫茶店ではカップもまた、居心地を演出する重要な要素だと思う。絵柄や色合いはもちろん、その厚み、大きさ、形からも店の個性をビシバシと感じるからだ。薄手のカップは口当たりも見た目もエレガント、厚手のカップは触感もビジュアルもぽってり丸っとかわいらしい。毎回出てくるカップが違う店はワクワクがあるし、ロゴ入りのオリジナルカップは萌えが突き抜けて欲しくなる。コーヒーの種類によってカップを変えるこだわり店には感嘆、逆に全部同じカップでもそれはそれで潔く快感。カップ鑑賞で喫茶時間は倍楽しくなる。下記はあくまでも一例にて、このカップで出てくるとは限らない。でもそのゆるさもまた、いいなと思うのだった。

南美咖啡 P.16
スマートなフォルムにブルーのロゴの、たまらなく素敵なオリジナルカップ。裏には台湾の老舗陶器メーカー「金義合」(ジンイーハー)の名が。

森咖啡餐廳 P.134
ぽてっと分厚く安定感のある形も、コーヒーに関する英語やイラストが並ぶ様もキュンとくる。食後にほどよいサイズ感なのもナイス。

摩豆咖啡坊 P.118
エメラルドグリーンの地色に白い胡蝶蘭というなんとも魅力的なカップ。ほかにも色柄あり。常連さんがマイカップをキープするシステムも。

上林咖啡 P.22
コーヒーごとにカップが異なり、こちらはジャワ(爪哇)用。お食事に付いてくるコーヒーはシンプルな白いカップ&ソーサーで提供なり。

黒豆坊咖啡 P.110
このフルーツや花の静物画が華々しいボーンチャイナほか、トラディショナルな風合いのカップが多め。落ち着いた店の空気感とピタリ。

聞山自家焙煎咖啡館 P.86
温かみある小さなデミタスカップは店のために作ってもらったもの。コーヒーはポットでサーブされ、自分でデミカップに注ぎながらいただく。

大通りをバスが走る。
市民の足らしく路線さまざま、
乗りこなせばかなり便利に目的地まで着ける。
いたるところにある變電箱《ビエンディエンシャン》（路上に設置された変圧器のようなもの）の
鑑賞も街歩きの密かな楽しみのひとつ。

優咖啡
ヨウ カーフェイ

Since1973
台北市中山區天津街61-1號
>map P.142
電話：02-2521-1286
営業時間：11:00～22:00（無休）
FB：yuucafe1973

優咖啡《ヨウカーフェイ》

移ろう街と人に寄り添いながら

台湾の紅木（マホガニー）で作られたオーダーメイドのインテリアは、滑らかで、温かみを感じる。丸テーブルを四角テーブルに変えるなどブラッシュアップしつつも、代々店主から引き継いだものを大事に使い続ける。テーブルなどは現店主の息子さんがオイルがけして磨いたりと定期的にメンテナンス。使い込まれた木の質感に重ねた年月を感じる。

静かな店内にはテレビと、カウンター上の水槽から聞こえる小さな音が空間をひっそりと舞っていた。辿り着いたのは夕方頃。旅の合間におみやげを求めて訪れた中山《チョンシャン》界隈で歩き疲れて、ゆっくりできそうなここに駆け込んだ。この店では毎度同じものを頼んでしまう。ピーナッツトースト（花生厚片吐司《ホアションホウピエントゥースー》）だ。焼き加減、ピーナッツバターの味とトーストへの染み込み具合などなどとにかく総合的に我が好みすぎて、ほかにおいしいものがあると思いつつもこのピーナッツトーストの幸せな呪縛から逃れられない。サイフォンで淹れられた芳醇なコーヒーとの相性は運命的な抜群さで、疲労がギューンと回復していく。ただ、ここ「優咖啡《ヨウカーフェイ》」の魅力はそれだけではなかった。

オープンは一九七三年。現店主の王聖義《ワンションイー》さんと林美麗《リンメイリー》さん夫妻は、なんと九番目の店主だという。長くこの付近に暮らし、若き日には王さんは農産品の貿易を、林さんは定食屋さんを開き営んでいた。ふたりがこの店を受け継いだのは一九九二年、前店主に頼み込まれたからだった。歴代店主は一年務めた人もいれば、四ヵ月と短期間だった人もいたという。王さん林さんが店を継いでから三十年以上経ち、群を抜いた最長記録を更新中だ。だが店を継ぐとなった当時、ふたりは喫茶店

右から現店主の王聖義（ワン ションイー）さんと林美麗（リン メイリー）さん、そして二人の息子である王彦仁（ワン イエンレン）さん。彦仁さんはUIデザイナーとして活躍する傍ら、折に触れ店のメンテナンスなどで手助けをしている。この御三方の空気感に、心がほころぶ。

業についてのプロではなかった。そこでコーヒーを淹れるのが得意だった六代目に師事し、四八時間眠らず何度も何度もサイフォンでコーヒーを淹れ続けて学んだという。そのときふたりは四十路。やると決めたら妥協しない姿勢に尊敬の念を抱く。

店を継いだ当初は周辺に日本の企業がいくつもあり、そこに勤める人々がメインの客層だった。顧客の七割ほどが日本人。彼らのために日々新聞を取り寄せ、それを読みに来店する人も多かった。外にかかる店の大きな看板に「優の珈琲」と書かれているところからも、その名残を感じる。その後、企業が台湾から中国へと移るのとともに日本人客も減少。二〇〇〇年頃にはＭＲＴ工事のため技師とその家族でにぎわったが、二〇〇八年には世界的な経済危機の影響もあってか近隣で活況を呈していた飲み屋街も影をひそめ、そしてコロナ禍。これまで幾度もの波に翻弄されながら、閉店の紙を貼り出したことさえある。だが常連さんに強く引き留められ、以降、変わることなく店に明かりを灯し続ける。店も自分たちも年を重ねた分、常連さんたちも同じく年配の方が多いと言い、そんな彼らが来店することを「會來這裡喝咖啡《ホエイライヂェーリーハーカーフェイ》，就是他《ジォウシーター》(她)很好《ヘンハオ》，很健康《ヘンジエンカン》」(ここに来てコーヒーを飲めるということは、元気で、健康だということですから)と微笑みながら語る。

取材終わり間際、息子さんが店に夕飯を食べにやって来た。聞くと自身は別の職業に就いているが、店のテーブルなどのメンテナンスを定期的に担い、以前はなかったＢＧＭも流せるように整えたという。そしてテーブルに並ぶ林さんの作った料理のおいしそうなこと。今度はピーナッツトーストの呪縛を振り切って、ランチを頼んでみるのもいいなと思うのだった。

1. 我が愛しのピーナッツトースト(花生厚片吐司)70元。塗布されたピーナッツバターは粒なしの滑らかタイプで、トーストにじんわり染み込んだバターのしっとり感と焼き加減がエクセレント。**2.** ハムと玉子をメインに、塩揉みした旬の野菜とやんわり甘い台湾のマヨネーズがナイスアシストのサンドイッチ(火腿蛋三明治)200元。メニューには載っていない日替わりランチ定食も気になる。**3.** ハニーレモン(蜂蜜檸檬汁)200元は生搾りレモンに龍眼のハチミツを加えた爽快ドリンク。**4.** コーヒーや調理は林さんが、焼きは王さんが担当する。カウンターの裏にはキッチンがあり、林さんはしばしばそちらで作業。

優の
珈琲

夜になると、ガラス窓を通して見える景色と灯りがより鮮明になり、存在が際立つ。ステンドグラス風のキュートなあしらいは息子である彦仁さんによるアレンジ。コロナ禍前に来たときにはこのあしらいがなかったが、個人的にはいまの様子がいっそう好み。こうして営む人たちの手によって、少しずつ変わりながらも、存在し続けてくれることにジンとなる。

森《セン》咖《カー》啡《フェイ》餐《ツァン》廳《ティン》

心地よい気だるさとくつろぎに沈み込む

森咖啡餐廳
セン カーフェイツァンティン

Since2004
台北市中山區林森北路109號
>map P.142
電話:02-2561-9598
営業時間:11:00〜22:00(日曜休み)

建物自体は築40～50年で、以前はレストラン、その前は婦人科の医院だったという。この壁紙、この色合い、この雰囲気。窓に貼られた吉祥文字も、ずっしりした座り心地のソファも、常連さんから漂うタバコの香りも全部ひっくるめて好き。窓の外には繁盛する美容室や十字路を行き交う車と人の様子が見えて飽きることがない。外は雨混じりの曇り空、薄明かりと昼過ぎのひとときの静けさのなかまどろむ。贅沢。

日本人観光客にもお馴染み、台北有数の繁華街である中山《チョンシャン》のほど近く。バーやスナックが軒を連ねる六條通《リオウティアオトン》（六条通り）のど真ん中、その十字路にある雑居ビルの二階は、白日外から見てもガラス張りの奥は暗くて様子がわからないし、上階へ誘う入り口もよもやこんな素敵空間が広がっているとは想像もつかない趣だ。どうしてこの階段を上ろうと思ったのかいまとなっては思い出せない。けれどもこのあたりでひと休みしようと思うとき、気づけば赤いソファに身を沈めているのだった。

同店の歴史は二十年ほど。近隣ホテルに勤務していた「もともとコーヒーとおしゃべりが好き」という陳麗珠《チェンリーヂュー》さんが開業した。特筆すべきは多々あるが、定食メニューの多さに驚く。その数三十種以上。台湾らしい味わいの料理、日本式な丼ものにカレーセット、麺にごはんにチャーハン、炒麺、果てはおひとり様用鍋セットまで、メニューをめくっているとワクワクが止まらない。すると近くに座っていたオシャレ男子のもとにぐつぐつ湯気を立てて運ばれていくおいしさオーラ満開の料理が。聞けば「人參雞鍋麵線《レンシェンジーグオミエンシエン》」とのことで同じものを頼んだ。ほわりと香る漢方らしさと味わい、旨味を含んだ具材、そのまま食べても鍋に入れてもおいしい麺線。そして食前のお手製ローゼルのドリンク、食後のデザートとサイフォンで淹れた濃厚コーヒー。

1.ビルの2階にこの店が。2.定食を注文するとサービスで出してくれるローゼルの食前ドリンクは、胃腸の動きがよくなるようにという陳さんの心遣い。ローゼル、サンザシ、烏梅、陳皮の4種を煮込んだ特製だ。3.定食には日替わりデザートとコーヒー付き。サイフォンで淹れた濃厚なコーヒーに安らぐ。4.平日の昼過ぎ頃の様子。5.柑橘感強めの特製鮮桔茶180元は中にキンカンがいくつも浮かぶ。ほかにも杏仁奶茶やジュース、スムージーなどいろいろある。

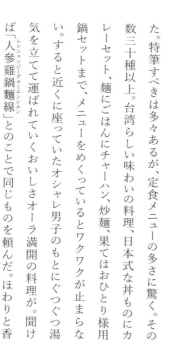

こんなに満足度が高いのに価格は控えめだ。それは、食事は毎日のことだから、シンプルでお手頃なことが大事だという陳さんのポリシーゆえの賜物。二十年ずっと来てくれている人もいるし、毎日来てくれる人もいる、その人たちのために「好幾年《ハオジーニエン》就是這様子《ジォウシーヂエーヤンズ》」（何年もずっとこんな感じですよ）とは陳さんの言だ。新鮮素材にこだわり、店の奥の調理場で料理人たちが腕を振るう。立地柄周りの勤め人のランチに合わせて開店は一二時からとゆっくりめ。そのオープンまでの時間は「要乾乾淨淨《ヤオガンガンジンジン》」（清潔であることが大切）と掃除に余念がなく、食前のローゼルドリンクも二時間かけて仕込むなど、入念に準備を行う。

ランチに訪れる若者、昼下がりにゲームに勤しむ常連らしきおじさまおばさま、夜にはこれから近くに出勤する女性やすこぶるにぎやかな常連さんたちがほんのりと、または濃厚に、タバコの香りを纏いつつひとときを過ごしていく。ときに静寂、ときに喧騒。どの時間帯も心地よい気だるさとくつろぎの空気に満ち満ちている。それぞれが紡ぐ物語とともに。

店主の陳麗珠（チェン リーヂュー）さん。カラリとした笑顔と接客が素敵だ。スタッフは陳さんを入れて4人。陳さんは開店準備や接客のほか、市場に食材の買い付けに行くこともある。「どれだけ長居してもいいですよ、広いですしね」という陳さんの、そのひとことが心底うれしい。

カウンターで豆を挽き、サイフォンでコーヒーを淹れる若きスタッフさん。この店を支える精鋭だ。黙然とよどみなく作業する様には美しさすら感じる。手元ではローゼルのドリンクが煮込まれていて、カウンター一帯が甘酸っぱい香りに包まれていた。

薬膳風味なひとり鍋は柔らかな鶏肉もさることながら、具材の旨味が染み出したスープがまた美味。鍋の下では固形燃料が燃えていてアツアツだ。麺線はそのままでも鍋に入れてもおいしくて、小皿料理も抜かりない。人参雞鍋麵線（レンシェンジーグォミエンシエン）300元。これに食前ドリンク、食後のデザート・コーヒー付き。

建設
松下

夜８時頃、雨降る十字路を望む。
こうして普段はすれ違うだけかもしれない人と
時空をともにする喫茶店。
その不思議な縁が、居心地の要ともいえる。
毎日、ときたま、一度だけ、それぞれのひとときを、ここで。

台北全体図はP.157

中山《チョンシャン》

MRT淡水信義線《ダンシュエイシンイーシエン》（レッドライン）・松山新店線《ソンシャンシンディエンシエン》（グリーンライン）中山站《チョンシャンヂャン》周辺は、駅前にはデパートが、駅から北に向かう「赤峰街《チーフォンジエ》」には尖った個性派ショップが並ぶ。中山站の東南、つまり中山北路の東、新生北路の西、南京東路の南、市民大道の北あたり一帯は日本統治時代に大正町と呼ばれた高級住宅街だった。

中山北路から東に入る路地にあるオブジェ。昔これらの路地は「條通」（ティアオトン）と呼ばれ、ここは「五條通」（五条通り）の入り口。

森咖啡餐廳がある「六條通」（六条通り）、夜8時頃の様子。ラウンジやバー、マッサージ店など夜こそ本領発揮な店が集まる。

雨上がり、夕方3時頃の「六條通」（六条通り）はひとときの静けさの中。営業中の飲食店や喫茶店もまったりと。この時間帯も味わいがある。

MRT中山站周辺には新光三越が堂々とそびえるほか、生活雑貨の「金興發生活百貨」やコスメが豊富なドラッグストアも。

緑豊かな「林森公園」（リンセン ゴンユエン）と「康樂公園」（カンラー ゴンユエン）。ここにはかつて「康樂市場」（カンラー シーチャン）があった。

「康樂市場」は1997年に取り壊されていまの公園の姿となった。現在は付近のビル1階に移転した店がわずかに市場として残る。

消えゆく喫茶店

いつも通りかかると入っていた店、一度行ってとてもよくて次も行きたいと期待していた店、ビルの隙間の不思議な場所にあったサンドイッチがびっくりするほどおいしかった店、コーヒーはコーヒーフレッシュ四個の多めサーブで行くたびに温かく接してくれた店、行くと年中クリスマスデコレーションで色褪せたオーナメントやモールのきらきらがちょっぴりカオスでチャーミングだった店。大好きだったあの喫茶店。ある日通ると、その店がなくなっている。同じ経験をしたことがある人も多いと思う。寂しくて、残念で。だが始まりがあれば終わりがあるのは当然のこと。消えゆく店への寂寞を抱えながら、だからこそ、いまも営みを続けてくれている長年の喫茶店に改めて敬意と感謝が湧いてくる。願わくばこれからも穏やかな日々を、と。

閉店してしばらく経つ迪化街で疲れたときの我が避難場所だった喫茶店。改めて通りかかったら改装中だった。何になるのだろう。続けるということは容易ではないし、閉店を責めるつもりは微塵もない（あるはずがない、むしろ感謝の念しかない）。常連でもないただの通りすがりの旅人だけれども、せめて心の中でこれまでの御礼とこれからの御幸せをそっと祈るばかり。

徹底的にレトロ旅。
時を語るホテルで
タイムトリップ
モーニング&ステイ

京都商務旅館《ジンドゥーシャンウーリューグアン》

旅に欠かせない宿。立地、価格、開業年数など重要ポイントはそれぞれあれど、テーマを決めた旅ならば、宿も同じくこだわってみたいと夢見てしまう。たとえば老舗の喫茶店を巡るなら、同じく歳月を経たホテルに泊まってみたい——それも華やかさ際立つハイブランドではなくて、できれば愛しい街の喫茶店たちのように優しげで、温かいところがいい。そう思って出合ったのがここ「京都商務旅館」だった。訪れる日本人客からは「京都ホテル」と親しみを込めて呼ばれ、評価も高い同ホテルの開業は一九九一年元旦。台湾で商業高校観光科を卒業し、多くのホテルで経験を積み、日本でもさらに学びを深めた代表取締役社長の徐銀樹《シューインシュー》さんが、その七年にわたる日本滞在で体感したおもてなしと情熱を伝えるホテルを台湾で作りたい！と想いを込めてオープンした。

オムレツがメインのモーニングセット。注文してからカウンターの奥で作られ、できたて熱々でサーブされる。素泊まりの場合は300元、非宿泊者は350元。7:00〜9:30の提供。

かつて日本統治時代、このあたりは御成町《おなりちょう》と呼ばれ、近隣の大正町《たいしょうちょう》とあわせていまの東京・新宿のような中心地だった。そのなかでもこの京都ホテルのある場所は役人の宿舎があり、「吉地《ジーディー》」(風水的によいとされる土地)といわれ縁起がよいとされていたと、徐さんは地域の歩みについて教えてくれる。ホテル南側に位置する緑広がる都会のオアシス林森公園《リンセンゴンユエン》と康樂公園《カンラーゴンユエン》が、その前身である康樂市場《カンラーシーチャン》だったときから紆余曲折を経て一九九七年に公園に移り変わっていく様も見つめてきた。開業から三十年余り。目まぐるしく変化する台北中心部で、その変遷とともに時を重ねながらも、自身は変わらず在り続ける京都ホテル。

その一階にある喫茶ルームもまた、時を止めたようなレトロ感にあふれている。ホテル入り口からロビーを通り、その奥にささやかに設けられたスペースながら雰囲気たっぷりで老舗喫茶店のような渋い趣を感じる。身体をしっかりと包み込んでくれる安定感のあるチェア、白いクロスのかかったテーブルにガラス格子の間仕切りと、質実剛健なインテリアがまたいい。徐さん曰く、以前は台北の日式サイフォンコーヒー提供ホテルとして雑誌にも掲載されるほど有名だったとのことで、京都ホテルで提供される香り高いコーヒーは日に百杯も出るほどだったそうだ。上質なコーヒーを淹れるた

歳月を感じる喫茶ルームはホテル1階、ロビー奥にあり落ち着いた雰囲気だ。席数は多くないが、このこぢんまり感がかえって好ましい。テレビでは日本の番組が流れていた。

め、スタッフは技術と知識だけでなく、ブラインドテイスティングなどで味覚やセンスも研ぎ澄ませた。だが時は移り、コロナ禍を経て、サイフォンでのコーヒーを提供することはなくなってしまった。ただ、この喫茶ルームにはもうひとつ、開業当初のにぎわう喫茶店を感じさせてくれるものがある。モーニングだ。

メインはオムレツ、ハム&目玉焼き、ベーコン&目玉焼きから選べ、サラダにトースト、フルーツとドリンクが付いてくる。新鮮素材をシンプルに調理したモーニングは味付けもちょうどよい塩梅。とくにバターが程よく染み込んだトーストとオムレツが抜群に好みで、お腹も気持ちもいっぱいになる。野菜とフルーツも添えられて栄養バランスばっちりなのもうれしい。現在、人手不足のため、朝食時に提供されるコーヒーは、残念ながらサイフォンで淹れたものではないけれど、十分満足だ。はにかみながら接客してくれるスタッフたちも温かで感じがよくて、壁にかかる台湾フルーツのカレンダーを眺めながら供されたモーニングを食べていると、まるで家族経営の老舗喫茶店にいるかのようなまったりとした気分になる。要予約メニューのフレンチトーストとお粥定食も気になる存在だ。

〝台北の我が家〟のように。その目指すところに相違なく、スタッフたちはみな親切。ある晩、近くにコイン

右／いまは常用されていないサイフォンだが、しっかり手入れされ、熟練のスタッフも健在。注文すればサイフォンで淹れたコーヒーを提供してくれる。左上／ロビー。左下／お粥定食も◎。

ランドリーがないかフロントに聞きに行ったところ、すぐさま近隣のおすすめコインランドリーを記した地図をプリントアウトしてくれた。日本語でやりとりできるのも心強い。クラシカルなインテリアがシックな部屋もまた、時代に左右されない矜持を感じさせてくれる。しかも移動に便利で、周囲においしい店も多く並ぶという秀逸な立地。「昨日、以前宿泊した方がおみやげを持って日本から来てくださいました」と取材の日に徐さんは顔をほころばせて教えてくれた。そうしたくなる理由が、このホテルにはあるのだろう。温かくもレトロなこの場所で、しばしのタイムトリップ。そんな旅も乙なもの。

京都商務旅館(京都ホテル)

Since1991
台北市中山區長春路38號 >map P.142
電話:02-2567-3366
http://www.kyotohotel.com.tw

クラシカルなマホガニーの中国式インテリアが特徴的なルームデザイン。南側には林森公園と康樂公園を望む部屋があり、夜景も味わい深い。このほか、お手頃タイプな部屋もあり。

開店、なんちゃってご自宅喫茶店

台湾の喫茶店ですてきな時間を過ごせば過ごすほど、帰ってきてからの寂しさが募る。また行きたい、すぐ行きたい、そんな気持ちをこじらせながらふと思う、せめて気分だけでもいまいる場所で味わえたらと。だったら作ってしまおうか。思い出に浸りながらあれこれ考えて作るご自宅喫茶な時間は、なんちゃってでもなかなか心躍るもの。そしてなんちゃってで楽しみながらも、やっぱり喫茶店のみなさんはすごいなと再確認して新たに尊敬の念ふつふつ。千思万考、喫茶万歳。思いを馳せるご自宅喫茶、本日開店。

大好き！ 喫茶店モーニング

朝、喫茶店で味わうモーニングはことのほかおいしくて贅沢な気がする。食後のコーヒーの香り高さをゆっくりと味わえば、知らず知らずのうちに元気が湧いてくるような。台湾の喫茶店で出合ったモーニングもしかり、各店の個性際立つ百花繚乱ぶりだ（38ページ）。今日はやるぞとパワー注入したい日や、ゆったり時間がとれる休日の朝に、なんなら朝でなくても好きな時間に、その各店のいいとこ取りをした自分流モーニングを作ってみるのも一興、ということでチャレンジしてみた。

それぞれの店のモーニングの記憶をたどりながら考える献立は、味だけでなく、旅の思い出を再びなぞる楽しみにあふれていてそれだけでニヤニヤしてしまう。たとえできあがった一皿が完全にイメージ通りでなかったとしても、その真髄や工程にあり、ということで思い出補正が最高のスパイスとして満足感をもたらしてくれる。あまりに思い出に浸りすぎるとますます次の旅が恋しくなってしまうのはご愛嬌。それすらも心の滋養となる感すらある。

作ってみました！
夢のマイモーニング

夢ポイント.1

**2分の1カットで
味変を楽しむ**

半分はバター多めに塗布しそのまま食べて、もう半分は目玉焼きを乗せるかとろけ出した黄身を攫いながら食べる。最高。

夢ポイント.2

**なんでもいいから
野菜か果物**

ほんの少しでもビタミン要素があると安心感＆爽やか感。究極の面倒くさがりなので洗うだけでいいものがマイベター。

夢ポイント.3

**半熟で黄身とろ〜り
味付けは塩で**

目玉焼きは絶対ふたつ！　割ると黄身が流れ出すくらいがいい。その黄身をトーストにつけて食べたい。塩だけでも味付けは十分。

はなから技術が店の方々に敵わないのは承知のうえ、自分の大好きな要素てんこ盛りで考えてみた。目玉焼きは2個だよな、ハムは三角に切りたいな……と旅の思い出を反芻しながら考えているときがもしかしたらいちばんのウハウハタイムだったかも。満足。

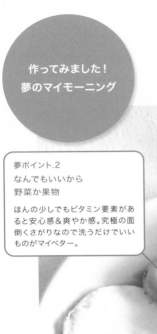

なんちゃってご自宅喫茶のためのエトセトラ

あぁ、台湾楽しかったなぁ……。と浸りながら帰国後なんちゃって喫茶を行う際に、その時間がもっと楽しくなること請け合いのちょっとしたコトごとを集めてみた。軽いものなのでおみやげとしても優秀。

好きな喫茶店のドリップパックを買ってくる
本書で紹介した喫茶店のなかには店頭でコーヒー豆を販売しているところも。お手軽に楽しめるドリップパックを売っているところもあり、ぜひ購入をおすすめしたい。おみやげにもいいし、軽くて負担にならないのも推しポイント。

カトラリーも揃えて気分をアップ！
台湾でお気に入りのカトラリーを見つけるのも楽しい。喫茶店や雑貨店などでよく目にする台湾メーカー「osama」のスプーンやフォークはお値頃かつバリエーション豊富でちょい買いに好適。カップも一期一会を逃さずゲットしたい。

謎のドリンク「阿華田」を試してみる
喫茶店メニューの常連「阿華田」（アーホァティエン）。名前からなにか予測するのは至難の業だ。その正体は、スイス発祥のメーカー「オバルチン」のこと。ココアっぽい味わいで、スーパーやコンビニで購入可能。パッケージもかわいい。

シンプル「養生茶」で優しいひとときを
「養生茶」も喫茶店メニューでよく目にするもののひとつ。漢方素材などをブレンドした身体に優しいお茶のことで、ここにも店の個性が光る。日本で試すなら、手に入りやすい菊花茶とクコの実にお湯を注ぐだけの定番ブレンドはいかが？

テーブルナンバーでお店感爆上げの巻
台湾の食堂やレストランのテーブルの角っこに貼ってあるコイツが、喫茶店にいることも。「勝立生活百貨」など雑貨店の文房具コーナーなどで売っているのを見かけた。値段も手頃。粘着力激強なので、貼らずに置くくらいがいいかも。

愛して！ ピーナッツトースト

花生《ホアション》、それは台湾でピーナッツのことを指す。花が生きる、と書くだなんてとても素敵な単語だといつも思う。そして台湾でいろいろ飲食していると、この花生の単語をよく見かける。あらゆる菓子に花生味はあるし、豆花のトッピングではお決まりの存在だし、潔く素材ピーナッツだけ！なスープ式スイーツ花生湯《ホアションタン》があったりするなど、そのピーナッツ愛を感じずにはいられない。それは喫茶店においても同様だった。喫茶店の定番メニューのひとつであるトースト、その味にあるではないか「花生」が。しかもいろいろな店のメニューに、いる。バタートースト的地位を占める勢いで花生トーストがメニューに存在したのだ。しかもしかも、焼き具合、バターの有無、ピーナッツバターは粒ありか無しか、バターの塗り方からパンの切り方、パンは耳ありか無しか、昔ながらの柔らかタイプのパンにこだわるのか……何気に各店の個性が光りまくってキラキラリ眩しいほどだ。たとえば「優咖啡」（１２８ページ）では①食パンを切る。②食パンを焼く。10〜20秒、③バター、ピーナッツバターを塗る。④それを焼く。約1分。⑤ピーナッツバターを再度塗る。⑥再度焼く。いい具合に焼けたら完成。と、シンプルなビジュアルからは推測できないほど手間暇をかけて作られているのだ。食パンを焼くのは店主の王さん。「こうするとよりピーナッツバターの味がトーストに染み込んでおいしいと思いましたので」と自ら試してこの手法を編み出したという。おいしさに対してまさに手間暇惜しまない姿勢に感服する。そしてこの喫茶店ごとに異なる味わいと思い出を胸に、自分ならではのピーナッツトーストづくりに勤しむのは二度も三度もおいしくて最高に楽しい。どうか愛してほしい、この素晴らしきピーナッツトーストたち。各店の違いを楽しみながら、マイベストな一品を見つけるというのも、おすすめなのです。そして自宅であれこれ試していて心から思ったのは、焼き方と切り方超大事！　合わせるコーヒーとの組み合わせもっと大事！　ということで各喫茶店のプロの仕事に改めて敬服したりして、また一段と愛しさが募るのだった。

台北ピーナッツトースト図鑑

台湾で茶色いものは大体おいしいと言うが、じつはベージュのものもおいしいと知る。一見変わらぬベージュの海、しかしそれぞれに個性があり、確実にどれも味わいが異なる。各店コーヒーとのハーモニーも見事。台北の喫茶店で出合った魅惑のピーナッツトースト大集合。

優咖啡 P.128
全粒粉食パンを使用。台湾ブランドのピーナッツバターは粒がなく滑らか。焼きは3回、ピーナッツバターをつど塗って味を染み込ませる。焼き加減と厚く染み込んだバターが絶品。きっちり切り分けられている。◎花生厚片吐司70元

老樹咖啡 P.68
パンの耳は落として。バターは塗らずピーナッツバターのみ。ピーナッツバターは自家製ブレンドで粒が大きめ。焼きは1回でしっかりと。焦げ目がつくほどの香ばしさ。ランダムな切り込み、下までは切れていない。◎厚片土司(花生)110元

黑豆坊咖啡 P.110
ピーナッツバターは粒々系。仕上げに振りかける黒胡椒の香りが効いている。パンはふわふわタイプ。切り込みは浅め。◎土司(花生)50元

蜜蜂咖啡 P.62
甘すぎずほどよい味わい。切り込みが9分割なのが食べやすくてありがたい。焼き目がランダムなのもご愛嬌。◎厚片土司(花生)50元

雪可屋 P.96
ピーナッツバターは吉比(SKIPPY®)。このメーカーは甘さ控えめでいい、と店主さん。バター、ピーナッツバター、焼きの順で仕上げ。焦げ目がつくまでしっかり焼く。三角の切れ込みがよく切れていて分けやすい。◎花生厚片吐司60元

上林咖啡 P.22
パンは柔らかタイプで厚め。ピーナッツバターは滑らか系。切り込みは浅めながら耳がないのでちぎりやすい。ピーナッツバターは硬めの厚め、食べ応えあり。◎花生厚片吐司60元

茶之郷泡沫紅茶店 P.78
ピーナッツバターは自家製ブレンド。香り付けのためにバターを薄く塗布。バター、ピーナッツバター、焼きの順。ピーナッツバターのねっとり感よし。トーストは三角切り。余談だが奶酥厚片もおいしい。◎花生厚片45元

上上咖啡 P.52
吉比（SKIPPY®）のピーナッツバターを使用。ピーナッツバターを塗る前に秘密のひと工夫あり。キャラメルっぽい香り。ねっとり度高めの口あたりがいい感じ。染み度も高め。◎顆粒花生厚片70元

森咖啡餐廳 P.134
ピーナッツバターは滑らか粒なし系。ピーナッツバターが断面まで染みていて、パンは裏までしっかりトースト。下までは切れていないタイプ。◎花生厚片60元

馨苑咖啡館 P.46
バターは雪印、ピーナッツバターはアメリカ製の滑らか系。一見切れていないように見えるが三角の切り込み入り。ピーナッツバター染み染み度高し。切り込みしっかりで分けやすい。◎厚片土司（花生醬）50元

摩豆咖啡坊 P.118
ピーナッツバターは吉比（SKIPPY®）。粒々すぎずほどよいので、とは店主さんの言。パンは柔らかタイプで近隣市場で仕入れたもの。◎厚片土司（花生）50元

考察、ピーナッツトースト

さて、台湾の喫茶店でピーナッツトーストを食べ歩いたところで欲が出てくる。家でも試してみたいと。まずはピーナッツバターだ。台湾のスーパーなどをハシゴして買い集めてみた。ここに載せきれないほどあったけれど、とりあえずは喫茶店で名前の上がったメーカーを中心に入手。ひとまずそのまま舐めてみる。かなりの粘度で、びっくりするほど甘くない。粒入り、粒無しがあって、偶然かもしれないが、数軒めぐった売り場では概ね粒入りの方が売れていた。パンに塗り塗り焼いては食べてみた結果は左の通り。そして改めて思いを馳せる。本書で紹介した喫茶店のピーナッツトーストとコーヒーの、運命のベターハーフ的バランスに。

台北で買ってみた ピーナッツバターたち

Others
写真はクリーミーな台南メーカーの「paste 焙司特」と、柔さが特徴的な大手食品メーカー「義美」のもの。台北の喫茶店で名前の上がった右ふたつのメーカー以外にもいろいろある。

吉比（ジービー）
台湾で「吉比」（ジービー）と呼ばれ親しまれているのは、アメリカ生まれのブランド「SKIPPY®」のこと。滑らかな奥にもピーナッツの存在を感じる。写真は粒無しタイプだが、粒入りタイプもあり。

梨山（リーシャン）
ジャムやピーナッツバターを作る台湾メーカー「五惠食品」（ウーホォェイシーピン）によるブランド。クセのない味わいで醤油、酢と混ぜて汁無し麺に絡めるタレにしてもいける。

粒あり、粒無し、どっちがお好み？
ピーナッツバターには「顆粒」（クーリュー：砕いたピーナッツの粒入り／右）、「滑」（ホァ：滑らかな粒無し／左）の2タイプあるものが多い。パッケージに表記してあることがほとんどなのでよく見て買おう。賞味期限は未開封の状態で1年前後のものが多め。低温で直射日光が当たらない場所での常温保存が推奨されている。詳しくは商品ラベルを確認のこと。

作ってみました！
夢のピーナッツトースト

夢ポイント.1
**三角切りで
角っこ堪能**

トーストは切り方で味わいが変わってくる。三角の頂点は食べやすくてサクサク感もあって、個人的にはこの切り方がベスト。

夢ポイント.2
**ピーナッツバターが
ぷっくりするくらいで**

焼き時間の目安は、ピーナッツバターが熱でぷくぷく泡立つくらい。これは自分的にはかなり焼いた方。香ばしくていい感じ。

夢ポイント.3
**スパイスで
カスタマイズ**

たまには気分を変えたいときに、仕上げにパラリとスパイスを。馬告（マーガオ：台湾原住民のスパイス）との相性めちゃ好み。

ピーナッツバターは滑らかタイプ、切り込みは三角で。パンは焼く前に切るが、完全に分離しない程度が後々作業しやすい。まずなにも塗らずに数秒焼いてからピーナッツバターを塗布し、再度焼く。塗りの厚さや焼き加減はそのときの気分で調整を。

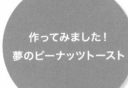

わかるともっと楽しくなる！
喫茶店メニュー早見表

喫茶店でよく見かける面々をピックアップ。現地での読み方をカタカナで表記するのは至難の業なので、あくまでもこんな感じ！程度にご覧あれ。

凡例：
カーフェイ◀現地での読み方（参考）
咖啡◀現地での表記／**コーヒー**◀意味

コーヒー関連

咖啡《カーフェイ》／コーヒー

綜合咖啡《ゾンハーカーフェイ》／ブレンド
店名＋綜合咖啡（咖啡）でハウスブレンドを指す場合も。

美式咖啡《メイシーカーフェイ》／アメリカン

冰咖啡《ビンカーフェイ》／アイスコーヒー

冰淇淋咖啡《ビンチーリンカーフェイ》／コーヒーフロート
漂浮咖啡（ピャオフーカーフェイ）と表記する店も。また、浮羅多（フロート）と書いてコーヒー以外のフロートがあるところもあり。

卡布奇諾（卡布基諾）《カーブーチーヌォ》／カプチーノ

拿鐵（娜蝶）《ナーティエ》／ラテ

摩卡《モーカー》／モカ

咖啡歐蕾《カーフェイオゥレイ》／カフェオレ

濃縮咖啡《ノンスォカーフェイ》／エスプレッソ

維也納《ウェイイエナー》／ウインナーコーヒー

愛爾蘭《アイアルラン》／アイリッシュコーヒー

虹吸式《ホンシーシー》／サイフォン式

日曬《リーシャイ》／ナチュラル

水洗《シュエイシー》／ウォッシュド

曼巴《マンバー》／マンバ
マンデリンとブラジルのブレンド。台湾の喫茶店でよく見かける。

曼特寧《マンターニン》／マンデリン

巴西《バーシー》／ブラジル

藍山《ランシャン》／ブルーマウンテン

爪哇《ジュアワー》／ジャワ

哥倫比亞《ゴールンビーヤー》／コロンビア

肯亞《カンヤー》／ケニア

瓜地馬拉《グァディーマーラー》／グアテマラ

衣索比亞《イースォビーヤー》／エチオピア

耶加雪菲《イエジァーシュエフェイ》／イルガチェフェ

コーヒー以外のドリンク

紅茶《ホンチャー》／紅茶

錫蘭《シーラン》／セイロン

伯爵《ボージュエ》／アールグレイ

阿薩姆《アーサームー》／アッサム

玫瑰《メイグェイ》／ローズ

薄荷《ボーハー》／ミント

水果茶《シュェイグオチャー》／フルーツティー

奶茶《ナイチャー》／ミルクティー

珍珠《ヂェンヂュー》／タピオカ
大粒のものを粉圓（フェンユエン）、小粒のものを西米谷/西米露（シーミーグー/シーミールー）と分けている店も。

養生茶《ヤンションチャー》／身体いたわり茶
健康志向の素材で作られたお茶。店により組み合わせさまざま。

果汁《グォジー》／フルーツジュース

蘇打《スーダー》／ソーダ

雪泡《シュエパオ》／シェイク

冰沙《ビンシャー》／スムージー

蛋蜜汁《ダンミージー》／卵と柑橘のドリンク（P.75）

可可（可可亞）《コーコー（コーコーヤー）》／ココア

阿華田《アーホァティエン》／オバルチン
チョコ、大麦、ミルクをブレンドしたスイス発祥の粉ドリンク。

フード類

麵包《ミエンパオ》／パン

餐包《ツァンパオ》／ロールパン

吐司（土司）《トゥースー》／トースト
厚片（ホウピエン）とあれば厚切りのこと。

法式吐司《ファーシートゥースー》／フレンチトースト

奶油《ナイヨウ》／バター

鮮奶油《シエンナイヨウ》／生クリーム

花生《ホァション》／ピーナッツ

巧克力《チァオコーリー》／チョコレート

起士（起司）《チーシー（チースー）》／チーズ

三明治《サンミンジー》／サンドイッチ

鬆餅《ソンピン》／ワッフル
店によってはパンケーキを指すことも。

冰淇淋《ビンチーリン》／アイス

聖代《ションダイ》／サンデー

蛋糕《ダンガオ》／ケーキ

布朗尼《ブーランニー》／ブラウニー

布丁《ブーディン》／プリン

提拉米蘇《ティーラーミースー》／ティラミス

肉桂捲《ロウグェイジュエン》／シナモンロール

全体

最低消費《ツィディーシャオフェイ》／ミニマムチャージ
1名分の最低支払額。だいたいメニューに書いてある。

服務費《フーウーフェイ》／サービス料

熱・冷《ラー・ラン》／ホット・アイス
熱飲/冷飲と書いてある店も。

招牌《ヂャオパイ》／看板商品

早餐《ズァオツァン》／モーニング

套餐（特餐）《タオツァン（ターツァン）》／定食

素食《スーシー》／ベジタリアン

下午茶《シァウーチャー》／アフタヌーンティー

附：～《フー》／～付き

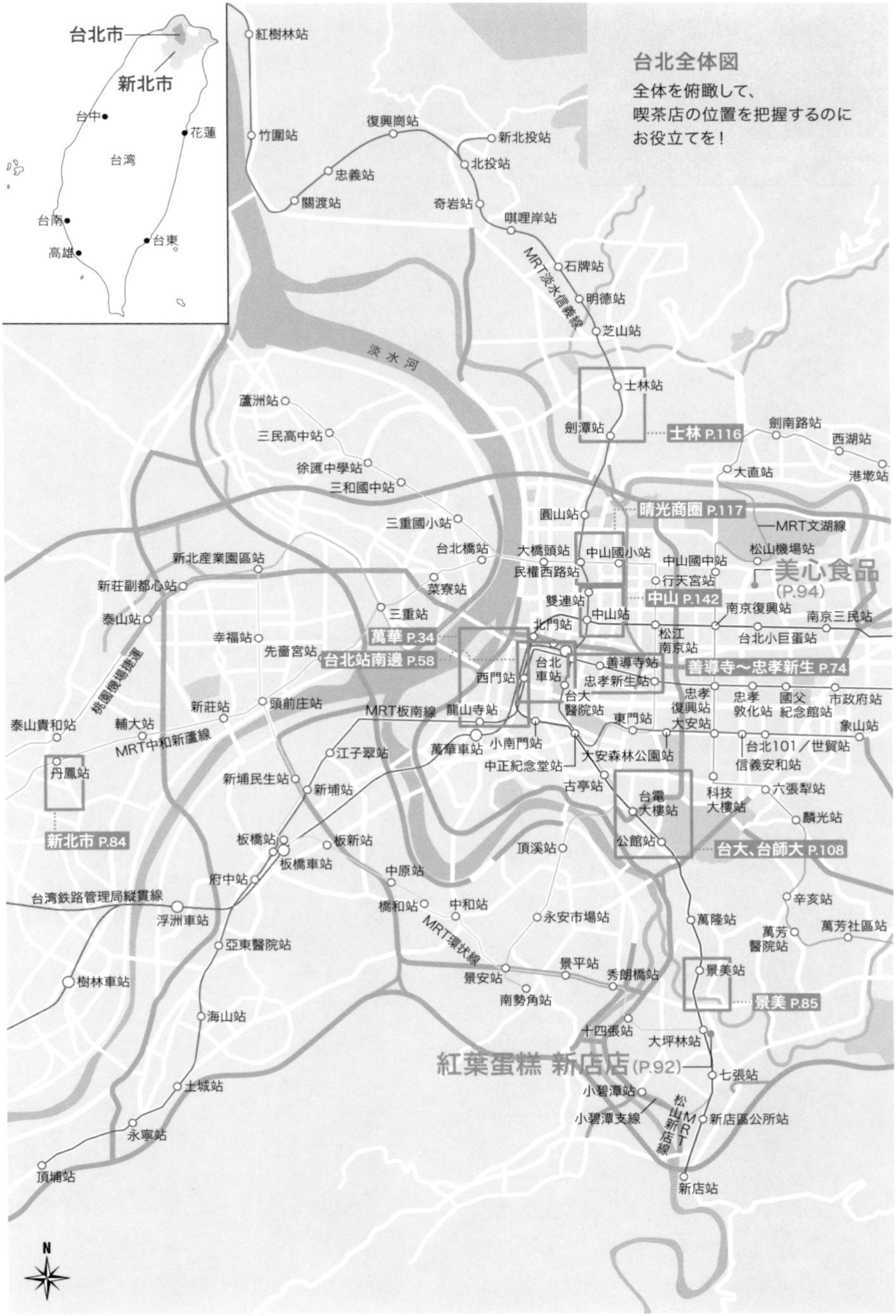
台北全体図
全体を俯瞰して、
喫茶店の位置を把握するのに
お役立てを！
台北市
新北市
台中
花蓮
台湾
台南
台東
高雄
紅樹林站
竹圍站
復興崗站
忠義站
關渡站
新北投站
北投站
奇岩站
唭哩岸站
石牌站
明德站
芝山站
MRT淡水信義線
淡水河
士林站
劍潭站
士林 P.116
劍南路站
西湖站
港墘站
大直站
晴光商圈 P.117
MRT文湖線
松山機場站
美心食品
(P.94)
蘆洲站
三民高中站
徐匯中學站
三和國中站
三重國小站
台北橋站
大橋頭站
中山國小站
中山國中站
民權西路站
行天宮站
圓山站
新北產業園區站
新莊副都心站
菜寮站
雙連站
中山站
中山 P.142
南京復興站
南京三民站
泰山站
三重站
北門站
松江南京站
台北小巨蛋站
幸福站
先嗇宮站
萬華 P.34
台北站南邊 P.58
台北車站
善導寺站
善導寺～忠孝新生 P.74
西門站
忠孝新生站
台大醫院站
忠孝復興站
忠孝敦化站
國父紀念館站
市政府站
桃園機場捷運
新莊站
頭前庄站
MRT板南線
龍山寺站
東門站
大安站
象山站
泰山貴和站
輔大站
MRT中和新蘆線
萬華車站
小南門站
台北101／世貿站
信義安和站
丹鳳站
江子翠站
中正紀念堂站
大安森林公園站
新埔民生站
新埔站
古亭站
科技大樓站
六張犁站
台電大樓站
麟光站
新北市 P.84
板橋站
板新站
公館站
台大、台師大 P.108
板橋車站
頂溪站
府中站
中原站
台湾鉄路管理局縦貫線
浮洲車站
橋和站
中和站
永安市場站
辛亥站
萬隆站
萬芳醫院站
萬芳社區站
亞東醫院站
MRT環状線
樹林車站
景安站
景平站
秀朗橋站
景美站
南勢角站
景美 P.85
海山站
十四張站
大坪林站
紅葉蛋糕 新店店 (P.92)
七張站
小碧潭站
土城站
松山新店線
MRT
小碧潭支線
新店區公所站
永寧站
頂埔站
新店站
N

心も
身体も
ホッと安らぐ

台湾の
街角喫茶で
ひと休み

企画　台湾大好き編集部

コーディネート　細木仁美

撮影　野村正治

十川雅子（p.74-2、p.84-2〜6、p.85-6、p.108-3〜6、p.142-1,3,4、p.146-左下）、京都商務旅館（p.146-左上）

装丁・デザイン　木村 愛

地図制作　マップデザイン研究室

校正　高柳涼子

編集・執筆　十川雅子

Special thanks：
京都商務旅館

衷心感謝大家的配合，願大家生意興隆、健健康康、平安順心！

地元《じもと》っ子《こ》たちのお気《き》に入《い》り

台湾《たいわん》の喫茶店《きっさてん》が愛《いと》しくて

2024年6月20日　発　行　　NDC292.24

編　　者　台湾大好《たいわんだいす》き編集部《へんしゅうぶ》
発 行 者　小川雄一
発 行 所　株式会社 誠文堂新光社
〒113-0033 東京都文京区本郷3-3-11
電話 03-5800-5780
https://www.seibundo-shinkosha.net/
印 刷 所　株式会社 大熊整美堂
製 本 所　和光堂 株式会社

ISBN978-4-416-52424-4

coffee